厦门文学艺术人物系列专辑

厦门市文学艺术界联合会 编

高甲戏表演艺术家 **纪亚福**

中国文史出版社

图书在版编目（ＣＩＰ）数据

高甲戏表演艺术家纪亚福 / 厦门市文学艺术界联合
会编. -- 北京 ：中国文史出版社，2023.5
　（厦门文学艺术人物系列专辑）
　ISBN 978-7-5205-3866-4

　Ⅰ．①高… Ⅱ．①厦… Ⅲ．①纪亚福－事迹 Ⅳ.
①K825.78

中国版本图书馆CIP数据核字(2022)第197136号

责任编辑：刘华夏
小传撰稿：吴慧颖

出版发行：**中国文史出版社**
社　　址：北京市海淀区西八里庄路69号院　　邮编：100142
电　　话：010 — 81136606　81136602　81136603　81136605（发行部）
传　　真：010 — 81136655
印　　装：廊坊市海涛印刷有限公司
经　　销：全国新华书店
开　　本：787mm×1092mm　1/16
印　　张：10.25
字　　数：150 千字
版　　次：2023年6月北京第1版
印　　次：2023年6月第1次印刷
定　　价：90.00元

总序

素有"海上花园"称誉的厦门四季如春，人文荟萃。

新中国成立以来，尤其是建设经济特区以来，厦门市委、市政府一手抓经济建设，一手抓文化建设，全市文艺事业生机勃勃、硕果累累，文学、戏剧、电影、电视、音乐、舞蹈、美术、摄影、书法、曲艺及民间文艺等领域，呈现出繁花似锦、姹紫嫣红的生动局面，涌现出许多优秀作家、艺术家。这些文艺界代表人物对厦门的文艺事业做出过积极贡献，产生过积极影响，为厦门文化建设注入了丰富的内涵，是不可多得的文化资源和精神财富。

为了进一步贯彻落实党的文艺方针政策，传承与发展厦门市文艺事业，推动厦门义化大发展大繁荣，厦门市文联决定编辑出版《厦门文学艺术人物系列专辑》，以音像和图文记录的方式，生动再现厦门文艺界代表人物的亮丽风采，总结他们毕生从事文艺创作的宝贵经验。

我们希望，这套系列专辑的出版发行，能让更多的人近距离、多视角地了解厦门文艺事业的发展，更亲切地感受厦门文艺界人物的无私奉献和辛勤努力。

我们相信，先人匠心独运的艺术创造将成为后人的精神资源，前辈攀登的高峰将成为后辈接力前行的起点。

江山代有才人出，我们正经历着一个伟大的时代，而伟大的时代又必然催生伟大的文学艺术作品和优秀的作家、艺术家。一切有理想有抱负的文艺工作者，都要担起时代赋予的神圣使命，更加自觉、更加主动地追求德艺双馨，更好地履行人类灵魂工程师的神圣职责，积极投身于高质量的厦门建设，努力创作出无愧于我们这个朝气蓬勃时代的精品力作。

《厦门文学艺术人物系列专辑》编委会

目录

第一辑　小传

4　引子

6　梨园学艺

17　重返舞台

27　苦练绝活

44　四海传播

54　薪火相传

第二辑　舞台风采

71　舞台剧照

第三辑　文章

103　缅怀高甲戏一代宗师

记厦门金莲陞名丑陈宗熟先生 / 纪亚福

105　我很丑，但我很温柔

老黄门角色创作心得 / 纪亚福

107　将布袋丑的表演元素化入人物的行为中 / 纪亚福

第四辑　社会评价

111　纪亚福——寂寞的名丑 / 叶之桦

117　纪亚福与高甲戏"傀儡丑"的发展创新 / 吴慧颖

128　"丑"艺经营尽见美

　　　赏析高甲戏名家纪亚福之丑角艺术 / 谢文逐

134　我的师父纪亚福 / 陈峥嵘

137　从与折子戏《班头爷》结缘说起 / 吴伯祥

第五辑　附录

143　大事年表

150　主演剧目

151　主要配角

152　导演剧目 / 小戏演出、导排 / 参加导演组

153　荣誉证书

第一辑　小传

　　纪亚福，高甲戏表演艺术家，国家一级演员。厦门市金莲陞高甲剧团演员兼导演，曾任该团副团长、福建省戏剧家协会会员、厦门市戏剧家协会常务理事。

　　1948年生于厦门，1961年学艺，师承闽南高甲名角陈宗塾、林赐福、洪玻璃及谢明亮等老师，学习丑角、架子花脸、老生等行当，从事高甲戏舞台表演60多年，屡次在全国和省市获奖。曾获得第八届中国戏剧节演员奖，2008年获得"福建省先进工作者"称号，同年被中华人民共和国文化部命名为国家级非物质文化遗产项目高甲戏代表性传承人。

引　子

　　舞台上，他是英姿飒爽的狄青，刚正不阿的包拯，智勇双全的陈琳，也是步履蹒跚的伍通、李公，小奸小恶的班头爷，迂腐不化的酸秀才……

　　或许，常年游走于英雄与小丑之间，举手投足中，油然生出一种豁达与不羁的气度。学徒时，他演过龙套；当师父了，他依旧乐呵呵地跑龙套。退休前他演出最后一个角色——《乔女》中的管家，只有一个出场，但几个细微的动作和准确的程式，刻画出管家的龙钟老态，令人过目不忘。

▲《五虎平西》饰演狄青

▲《班头爷》饰演班头爷

　　成名之前，他也曾渴望独挑大梁，享受聚光灯下的光彩照人，而学艺渐深，阅历增多，他越发珍爱每个角色，不论是主角还是配角，英雄还是丑角。或许，对他来说，角色不在大小，用心即是精彩。

　　他就是高甲戏表演艺术家、国家级非物质文化遗产项目高甲戏代表性传承人纪亚福。

　　日常生活中的纪亚福朴实不善言辞，乍看上去甚至有几分木讷。可一到台上，纪亚福立马就身姿矫健、气度恢宏，宛然一尾活龙了。出入于现实和艺术两个世界，纪亚福会偏爱哪个角色呢？

　　有一回去北京演出，友人题赠的一幅书法深得纪亚福的喜爱，上面写着：不能尽人如意，但求无愧于心。

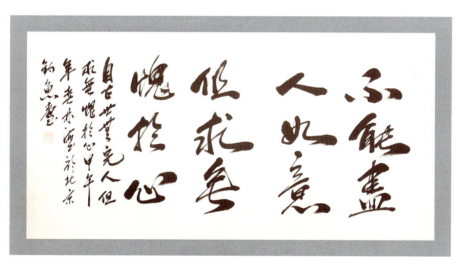

▲ 北京友人书法作品《不能尽人如意，但求无愧于心》（拍摄：心璃）

梨园学艺

　　纪亚福出生于战火纷飞的1948年，是家中的独生子。父亲纪坤成是厦门人，母亲王美霞是惠安人，一家人就住在思明北路与厦禾路交会处的浮屿。这里车水马龙、熙熙攘攘，一直以来都是厦门城区人气最旺的路口之一。

　　始建于1929年的开明戏院是厦门娱乐界的老字号。偌大的招牌在林立的店铺间颇为醒目。纪家紧邻着戏院，阿福的阿嫲就在戏院门口摆个大斗笼，上面再架上簸箕，卖点糖果零食，母亲也在周边的马路上卖甘蔗。父亲是码头的搬运工，要知道，那个时候的浮屿就在海边。

▲ 开明戏院旧影

　　小阿福从小在锣鼓声中长大，戏院看门的大狗、大碰和胡须梅都是邻居，还有负责维修电机的技术员老李伯一家。调皮活泼的阿福经常悄悄溜进戏院看热闹，用老厦门的话说就是：到戏院就像"拐灶脚"（拐弯到自家厨房）一般。在开明戏院驻演的戏班来来往往，京剧、越剧、高甲戏……南腔北调。每逢新剧团驻演，总有一番喧腾，名角可得用轿子抬进戏院，一路吹吹打打，好不风光，这在当时也算是一种广告了。票房旁高高挂起一个黑色的牌子，上面用大字写着当晚演出的剧目和主角名号。即便是多年以后，纪亚福依然记得那年惠安高甲戏剧团演出《火烧红莲寺》的场景：精彩热闹的剧情，飞檐走壁的特技，还有天幕上那些令人意想不到的机关布景。

这一切都深深吸引着他。电影是那时的时髦娱乐。有时候，小阿福也去看电影，《南征北战》《战上海》《黄继光》……电影里那些英雄人物高大威武的形象给小阿福幼小的心灵种下了一个英雄梦，他期盼着有朝一日成为英雄，哪怕演一演英雄，也是多过瘾的事情啊！

旧时俗话说："父母无舍施，送子去搬戏。"在传统观念里，演戏并非一个受人尊敬的职业，家里再穷也不能让孩子学戏。可是看着台上的铿锵戈甲、出将入相，耳际南音婉转、锣鼓喧天，少年的心，荡起了涟漪。

1960年年底，厦门高甲剧团公开招生开办培训班。12岁的纪亚福和几个同学一起，瞒着家里去报了名，考了试。初试、复试，过程低调而顺利地进行着。原来以为只是凑凑热闹，没想到，过了春节，录取通知书居然就发下来了。父母蓦然发觉，十分惊讶。起初自然是反对的，久经世事的长辈深谙其间的艰辛，世俗观念也不易释怀。几经说服，少年的热忱最终感动了家人。父亲将独子亲手交到师父手里，临别时郑重地嘱咐小阿福："要学就要学成，不要十学九不成。要学好，不能让街坊邻居笑话！"

1961年3月，纪亚福正式进入厦门高甲剧团，开始了他迄今半个多世纪的戏曲生涯。

厦门高甲剧团的前身是20世纪20年代驰名泉南侨乡的"天福兴班"，1931年，金门和同安莲河的艺人重组戏班，各取地名的头一个字，再加上大吉大利的"陞"字，定名"金莲陞"。1951

▲ 少年时代的纪亚福

年，金莲陞戏班到厦门、漳州演出，自此在厦门落地生根；1953年，正式命名为"厦门市金莲陞高甲剧团"；1960年5月，改名为"厦门高甲剧团"；1966年4月，厦门高甲剧团和同安县高甲剧团合并，沿用"厦门高甲剧团"名称；1968年，工宣队进驻剧团，改名东风文工团；1969年，剧团解散；1978年10月，恢复建制；1988年，改名为"厦门市金莲陞高甲剧团"，这个名称沿用至今。当然，这都是后话了。

▲ 20世纪50年代，厦门市金莲陞高甲剧团民主改革胜利完成纪念

当时团里的老师都是成名已久的老艺人。团长蔡春枝是著名的花脸，他饰演《三勘蝴蝶梦》中的包拯、《粉妆楼》中的胡奎等，无不虎虎生风。剧团中知名的演员还有：陈宗塾、洪银对、蔡文煌、谢明亮、姚金练、洪水钩等名生名丑，小旦林秀来、柳素治、傅乌闷等，净角张长城、张清沪等，以及乐师蔡文坛、张在我、洪玻璃等。

▲ 厦门市金莲陞高甲剧团老照片

　　万丈高楼平地起，基础扎实与否，关系到日后舞台的发挥。初入剧团，这些年轻的学员参加高甲训练班，采取团带班的形式；到1961年年底，厦门市文化局举办厦门梨园训练班，收入了梨园戏、高甲戏、南音和越剧的年轻学员一起训练。

　　高甲剧团老师傅们对学生要求十分严格，一招一式都得定型不能走样。纪亚福的启蒙老师是旦角兼小生的谢明亮和鼓师洪玻璃先生。随后他

▲ 艺术家、教育家谢明亮

▲ 洪玻璃（右一）教徒弟吴金宝与蔡永固学习鼓艺

9

▲ 2005年，厦门戏曲训练班（梨园班）学员重聚首。后来这些演员相继成为厦门市金莲陞高甲剧团、福建省梨园实验剧团和厦门市南乐团等文艺团体的骨干力量

又在厦门梨园训练班学习基本功。训练班的老师们也都是资深的演员，如吴声汾、柳素治等。他们认真训练学员，唱、念、做、打，"十八步"科母，精雕细凿，容不得半点马虎。刚开始是一些基本功，如腰腿功、跑圆场、起霸、走边等。后来教一些小戏如《许仙说谢》（纪亚福饰演徐郎中）、《睨灯》（纪亚福饰演林大）；后来开始排大戏，如《潘有为奏表》，这是一本幕表戏，纪亚福饰演一个番将牛笃车（花脸）；还有《粉妆楼》系列的《闹淮安》，纪亚福饰演二花脸孙彪。谢明亮一字一句地教道白和唱曲，严格督促学生的学习。这些剧目曾到杏林、灌口演出。初进科班的纪亚福牢记着父亲和师父们的教诲，勤学苦练基本功，哪怕汗水湿透衣裳。

1962年7月，由厦门市文化局局长林立牵线，纪亚福拜师高甲戏艺术大师、闽南名丑陈宗塾门下，学习丑角、架子花脸、老生等行当，特别是

▲ 陈宗塾饰李公

▲ 20世纪60年代，陈宗塾参演现代戏《降龙伏虎》

模仿提线木偶的表演。师父技艺高超，台上的每一个角色人物都演得生龙活虎。从他身上，纪亚福更深刻而真切地感受到高甲戏的非凡魅力。师父不仅传授技艺，对高甲戏的热爱和严谨的艺术态度也深深感染了纪亚福。纪亚福回忆说："他演戏是非常投入、非常认真的，他一出场，好像猛虎下山的那种威严，让那些坏人心惊胆战……整个神态亮相下去啊，有的说，那个舞台都会震动。"

陈宗塾很严肃，平时不苟言笑，对学生专门指导并不太多，但他有个要求，只要是他演出的戏，学生必须在台下看戏，自己琢磨演戏的力度、气势、精气神，有时稍微指点一下。这样，看戏看久了就会有收获。纪亚福练习傀儡丑表演的时候，师兄柯国为也会过来指导一些表演的要领。柯国为较早进入师门，此时已经是小有名气的武生和丑角演员。他的基本功非常扎实，翻跟头又高又飘，在《昭君出塞》一剧中，他饰演小番，出场一连串漂亮的跟头，立刻赢得满场观众的热烈掌声。他曾在《连升三级》剧中饰演贾仁，精彩的破衫丑表演，令原扮演者泉州高甲剧团的黄大篇也赞不绝口。陈宗塾还有个名叫许书乾的徒弟，大约在1958年到剧团，他的花脸表演很好，曾饰演《穆桂英大破天门阵》中的焦赞。陈金盾老师傅还给他排过《三岔口》，他饰演刘利华，也有精彩表现。

在纪亚福的记忆中，陈宗塾这一辈老师傅演戏，因生活阅历丰富，表演经验老到，很擅长在戏中表现一些生活细节，效果很好。他的形体比较夸张，高甲戏的剧种风格强烈，有别于京剧的表演。比如，《粉妆楼》有一场表现孙彪捉弄龙标的戏，陈宗塾饰演孙彪。民间传说鸡爪山好汉孙彪有阴阳眼，晚上有一只眼睛看得特别清楚。龙标（猎户，绰号"穿山甲"）是人们俗称的"雀蒙眼"（天黑就看不见），他为了救碧玉霜，到鸡爪山来请救兵。在山脚下的墓地，孙彪从山上下来，看到龙标，故意捉弄他。龙标胆小，天黑眼睛又看不见，不小心踩破了一个骨头瓮，孙彪故意装鬼来吓唬他，龙标心惊肉跳。本来只是一个平平常常的过场戏，在陈宗塾老师父的用心处理下，趣味盎然。又如师父的绝技"公子坐鸡"，模仿的是公鸡求偶时扑扇着翅膀，围绕母鸡打转的样子，他手摇扇子上下翻飞，偶尔在手中敲打一下，围绕着漂亮小姑娘打转，表现出花花公子的丑态。纪亚福对师父陈宗塾演出的《扫秦》也记忆深刻。这出闽南高甲戏的经典折子戏，许多名角都演过，师父的版本尤其精彩，剧中他饰演疯僧，在疯疯癫癫的外表下，不时闪现讥讽的锋芒和正义的风骨。比如，嘲弄秦桧夫妇密谋害岳飞，说着"天知地知"，手指一转指向自己"我也知"，秦桧心惊欲怒，疯僧嬉笑掩饰。又如，秦桧（蔡春枝饰）唤疯僧过去，疯僧口中喃喃自语："叫我去我就去，岳家父子三人都去，何况我这个小小和尚。"秦桧又唤他过来，疯僧又道："叫我来我就来，为何不用十二道金牌？"秦桧生气，他又装傻糊弄。一出短剧，机锋频现，一波三折，惊心动魄。

剧团很多有名的老师傅都给纪亚福留下了深刻的印象。比如，洪水钩是武老生，演过薛蛟，也演过《大别妻》的罗增。剧团有很多优秀的丑角演员，最出名的是"四大丑"——陈宗塾、林赐福、蔡文煌和姚金练。蔡文煌演过李宝，李被捉到地府，为表现他的害怕，用了矮子走的步法。陈金盾是武生，常常指导剧团年轻演员的武功训练。他任劳任怨，兢兢业业，爱团如家，戏班转场搬戏箱、装台，他都抢着干。1964年剧团到福州参加会演，道具、戏笼将卡车装得满满的，为防路上有闪失，陈金盾不辞辛劳，一个人和戏笼、道具一起挤在后车厢，一路照看。纪亚福还曾听团里老师傅提起洪水扣，说是很漂亮的武小生。

　　剧团很多工作人员也很敬业，如负责管理灯光道具的苏启昌，每次演出一结束，就忙着去收拾整理，仔细修理道具；电工林瑞安心灵手巧，会自制配电盘。1964年，剧团演出现代戏《奇袭白虎团》，他用钢板自制道具枪，手都被磨破了，他还自制了纸炮，模拟剧中枪击效果。厦门歌舞剧团去广东巡演回来，引进了当时先进的灯光设备，在厦门演出《椰林怒火》，舞台灯光和天幕上的景片效果很好。林瑞安看到后，就利用休息时间，摸索着做了三四套，剧团的舞美赵克明帮忙画了幻灯景片，改变了剧团过去舞台灯光布景较为单调的状况。

　　剧团的首任团长蔡春枝是有名的花脸，为人豪爽，嗓音洪亮。1964年剧团到福州参加会演，会演后省里组织所有参演团队在福建省人民剧场开座谈会。蔡团长上去讲话时，没念别人帮他准备的讲稿，一把推开麦克风，声如洪钟："我们剧团最重要的就是：（指着椅子）椅（以）团为家……"

　　1961年，福建省文化局在厦门召集全省高甲剧团举办丑角大会串演出。泉州、晋江等地的高甲名角都来了，轰动一时。当时在鹭江戏院，由各团名角合作演出《大闹花府》。泉州高甲的施纯送演公子，晋江高甲的柯贤溪饰演管家花云，剧中有七个家丁，所有名丑都参加演出。据说因为要尊重客人，大角色都让外面的剧团演。厦门高甲的陈宗塾、林赐福等都参加演出。这出戏采取幕表戏的演出方式，很考验演员的功力。七个家丁，每个家丁上台一句台词，各出绝活，各自拼场，都不一样。纪亚福觉得其中林赐福演得最好。他还记得有一场戏表现李荣春与家丁们

▲20世纪60年代，名角荟萃的《大闹花府》（翻拍：吴慧颖）

打斗的场面，一片混乱中，林赐福滚到舞台的一边，仿佛要被踢到台下，在【四击头】的锣鼓声中，他一把抱住戏台的一角，脚悬空但未落地，伴随着最后一声锣鼓点，惊惶亮相。

多年之后，纪亚福回顾自己的成长历程，很是庆幸当初遇到了一批好师傅，他们的鼓励和对艺术的严格要求，让自己打下了坚实的基础。剧团有很好的传统，一个是爱团如家，一个是每天演出。除了大量的幕表戏，过去一年起码还要排四出定型剧目。这样的锻炼，使年轻的演员奠定了扎实的基础。而身处名角辈出的知名剧团，从一开始就为艺术道路提供了相对较高的起点，那种相互学习和竞争的氛围，也催人奋发。

然而，1966年"文化大革命"的狂风暴雨很快席卷了神州大地，口号标语扰乱了平静的练功场。厦门市歌舞团、高甲剧团、芗剧团、越剧团和南乐团的演职人员因观点不同，形成"革联"和"促联"两个组织，两派都组织文艺宣传队大演革命歌舞和现代戏，如现代戏《奇袭白虎团》、舞剧《红灯照》等。

文艺队常有群舞节目，舞蹈演员不够，编导看上了身材挺拔的纪亚福。于是，纪亚福跟着歌舞团一位名叫阿章的优秀舞蹈演员学了不少舞蹈表演的技巧。文艺队演出舞剧《红灯照》，纪亚福饰演义和团战士，歌舞团的洪慧人饰演一位女兵。未承想，这个剧目却意外成全了一段美好姻缘。这个"根正苗红"工人家庭出身的戏曲演员，悄悄喜欢上了"出身不好"的"黑七类"子女、学

▲ 1968年，舞剧《红灯照》，洪慧人留影

▲ 结婚照

芭蕾的舞蹈演员洪慧人。淳朴善良的真情在风雨如晦的年月里更显珍贵。1968年，两人欢欢喜喜成了亲。第二年夏天，女儿出生了，取名朝晖。

小家庭日渐温馨，希望仿佛朝露般闪动，然而一场大灾难却悄悄袭来。1969年冬，厦门高甲剧团被迫解散，所有人员被遣散回原籍，纪亚福一下子失业了。小女儿刚出生不久，家里还有年岁渐高的父母双亲，年仅21岁的纪亚福开始感觉到家庭的重担。为了一家人的温饱，他到处打零工，拉板车、运石头……什么活都干过，在命运的谷底暗自体味人情的冷暖。后来他终于找到一份比较固定的活计，到厦门港公社（今厦港街道）麻草厂当工人，负责到郊区乡镇收购稻草。生活的艰辛并没有击倒开朗乐观的纪亚福。传统戏不能演了，他就跟着妻子洪慧人学舞蹈，偶尔去公社（街道）做文艺宣传，需要小节目，他临时编排登场，居然也赢得满堂彩。1970年，厦门港公社文艺宣传队需要人手，公社政工组来动员，纪亚福就过去帮忙排戏排舞蹈，如舞蹈节目《女民兵》《丰收歌》等，京剧《智取威虎山·深山问苦》等，也帮忙组织踩街游行活动。他还为厦门港公社培养青年学生，组织宣传队，排演小歌舞、小剧目，组织整场晚会在厦港渔民俱乐部演出。

1971年，向阳区（今思明区）文艺宣传队选调纪亚福和洪慧人夫妇加

▲ "文革"期间，厦门市总工会宣传队演出舞蹈《工业学大庆》

入。文艺宣传队拥有数十名演员，均来自本区的社办厂、区办厂，其中部分是"文革"前市属剧团的演员，涵盖舞蹈、声乐、器乐、戏曲、曲艺等各种艺术门类，还拥有一个阵容强大的乐队。区文艺宣传队每年有半年脱产，集中创作、排练，深入公社、街道的工厂、学校和农村开展宣传，也到部队慰问演出，实际上是一个半专业的剧团。

作为向阳区文艺宣传队的骨干，纪亚福在文艺宣传方面的才能和踏实肯干的作风得到了众人的好评。

这一段经历，对纪亚福后来的艺术创作也很有帮助，他把"拉腿跳"等一些舞蹈技巧也融入戏曲表演之中，丰富了戏曲艺术的表演手法。

重返舞台

噩梦般的日子终于过去了，"文革"结束。文艺界落实政策，1978年，厦门高甲剧团恢复，纪亚福终于又回到了剧团。那一年，他30岁，正当壮年。

重新组建的厦门高甲剧团，面临种种困难，一没有场地，二缺人才。没有排练场地，就借用厦门市房地产公司的旧食堂排戏。最严峻的是复团后人员青黄不接。岁月无情，一些老师傅过世了，还有些老师傅年龄大不能来了。当年剧团解散，有些人去了新疆生产建设兵团，有些被下放到农村，如今要全部召集回来，并非易事。复团的时候，剧团才30多人，对于高甲戏这样的剧种来说，演员是不够的，有时候一个演员不仅要完成本行当的表演，其他行当角色人手不足时也要顶上去。

首先恢复演出的是《陈三五娘》，第一场在原厦门市文化宫旁边的新华影剧院演出。"文革"结束，传统戏恢复演出，如久旱逢甘霖，票房好极了，甚至观众要提前几天买票。《陈三五娘》一连演出了83场。纪亚福至今还记得饰演陈三的丁辉煌在舞台上潇洒的形象与儒雅的台风，他在20

▲ 1960年，厦门高甲剧团演出《陈三五娘》，陈宗塾饰李公，丁辉煌饰陈三，陈美治饰五娘，颜秀珍饰益春（翻拍：吴慧颖）

世纪50年代就是有名的小生，如今重登舞台，风采依然。《陈三五娘》中有很多老师傅出演，他们在台上演，年轻演员就在边幕看，也认真学。

荒废了近十年的工夫，纪亚福觉得要学的东西太多了。虚心好学的他，每当演出闲暇，总是留意观察场上各位老师傅的表演，默默在心里反复揣摩。纪亚福担任主角的第一个大戏是1979年的《书剑奇冤》，饰演高珍。该剧又名"书剑情"。讲述了浙江巡按高珍与萧山县令梅文进是结拜兄弟，同榜进士。但因高府管家杜子达作恶，构陷高妻徐月娘和梅文进。高珍轻信妄断，酿成冤案。后来终于真相大白，高珍悔悟，上殿平冤的故事。

《书剑奇冤》上演时，社会上正值平反"文革"冤假错案，或许因此，社会反响特别好。时任厦门市长吴星峰在新华影剧院观看了《书剑奇冤》之后，在一次大会上号召全市的领导干部都来看这个戏，他说："纠正错误，平反冤假错案，古代都有这种人，敢于负荆请罪，今天更应该为受冤屈的人平反！"一天，纪亚福发现，他在公社和区办工厂做工的工友也来买票看戏，询问之下，才知道是单位组织的。

▲ 《书剑奇冤》纪亚福（左一）饰演高珍，林清芳（中）饰演高兴，柯国为（右）饰演杜子达

　　厦门市金莲陞高甲剧团有三位老师傅是剧团的艺术指导，即陈宗塾、林赐福和陈天德。这三位老师傅资历深、演出经验丰富，每次排演剧目，老师傅都会给年轻演员作艺术指导，包括剧本讲解、人物扮相、剧本处理、场口安排等。比如《胡奎卖人头》这出戏，陈宗塾就很擅长抓场口。所谓的场口，类似用套路走戏，比如，讲解这一场是闺门旦在花园，那一场是公堂之上等。在老师傅眼中，演员可以用套路来演出人物性格，人物有相对固定的格式，然后再发挥。纪亚福至今仍记得陈宗塾师父给他排《书剑奇冤》时，解析人物和表演，他说高珍是小生的扮相，但与梅文进发生矛盾后，就有些骄气，类似三国的周瑜，这时的表演，虽然按照小生程式，但是加了骄气，人物有反差，就可以用一些武生的身段，嗓子比较冲。后来他认识到错误，要自杀，然后被点醒，勇于承认错误，负荆请罪。不同阶段的表演有所不同，人物就有起伏、灵动，角色就活了。经过师傅的点拨，纪亚福认识到：老师傅的表演程式要多学，多一些可以表现的东西，人物性格、状态不同，程式也不同，根据剧情可以跳出去，跨越行当，增强人物个性。

　　在纪亚福的记忆中，陈宗塾老师父专门教学的时间并不多，但是他平时讲得多。有时听老师傅们聊天时，师父也会顺便提点一下纪亚福，哪个戏哪个动作应该怎样更好。师父对纪亚福说，排戏你来看，演戏你来看。就是指日常的观摩学习其实更为重要。纪亚福说，有时老师傅比一下，他就要记一辈子，要用心去演。临到纪亚福上台演出的时候，师父不会从头看到尾，只是出场看一下，定点定位看一下，就知道了，哪里好哪里不好，神态、动作有没有做到位。

　　《书剑奇冤》中第二场有个道白的"打引"，是谢明亮老师傅教的。原本用于《许仙说谢》里头的"四念白"："白日无限过，青春不—再—来—咿—咿"。这"不再来"三个字拉长，字尾音加上衬字"咿—咿—"，有吟唱的意味，称为"打引"。《书剑奇冤》中纪亚福出场念"四念白"："兄弟欢聚情款款，宿亭初醒日—三—竿"，在"竿"字上"打引"，吟唱，加衬字"咿—咿—"。这样的处理产生了较好的戏剧效果。

这个时期，有一部武戏演得很红火，这就是《五虎平西》。高甲戏刚复团时，由于人员和功底等问题，多演出文戏，如《陈三五娘》等，武戏、大气戏很少。因此《五虎平西》一推出就很受欢迎。这是本团编剧林颂根据剧团原来的连台本整理的。剧本来自剧团的老本子，由陈宗塾口述，林颂记录整理。其间林颂还参考了其他剧种的一册《飞龙刺狄青》。泉州群众影剧院特地来厦门签订了合同，约定清明后去演出。可是，原本饰演狄青的洪东溪在晋江福埔骑车摔伤了，大腿骨撞到石板导致骨折，没法上场。剧团临时决定由纪亚福顶替上场饰演狄青。机会是给有准备的人的。狄青这个角色纪亚福一直心心念念，每次演出他都认真地盯着看，又向老师傅陈金盾请教，每天早上起来练功，打好基础。这出戏的上集分三场：第一场"思亲""比武"、第二场"追夫"、第三场"起兵""被困"。三场戏狄青就有一个多小时的演出，戏份很重，如第一场就有"比武"，第三场也是武戏，相当考验演员功底。纪亚福从此一炮而红。在泉州群众戏院演出期间，林颂又赶出了第三集和第四集，剧团演员利用白天进行排练。那时剧团刚恢复，各地都是文戏多，大气戏少。《五虎平西》是武戏，而且是四本戏的连台本，自然很受欢迎，整个泉州地区都震撼了，各地纷纷前来请戏，一演就是两个多月。巡回演到晋江，时值六七月，酷暑难耐，晋江影剧院里只有几台吊扇有气无力地转动着。同一时间，在剧场不远处就有庙会酬神的戏台，好几个民间职业剧团正在演出。但是当地的

▲ 《五虎平西》饰演狄青

群众说，宁可花钱，挤在闷热的影剧院看厦门高甲剧团的《五虎平西》，也不去看外面的免费演出。

纪亚福在《拷寇珠》中跟天德师演过宋仁宗（许天德A角，纪亚福B角）。后来有一回演出时，饰演陈琳的黄国长和李聪照生病，就由纪亚福顶替上演。他说，平时常常在台下看老师傅演出，也自己练习唱念，所以顶得起来，效果还不错。《审郭槐》中纪亚福和黄国长演郭海寿（黄国长A角，纪亚福B角）。这两部是高甲戏的传统本。最初纪亚福是饰演卖菜的郭海寿，这是个童生。传统高甲戏《审郭槐》的场面，与京剧不同，高甲戏有包拯、八贤王入阴曹地府审案的桥段。包拯、八贤王将髯口挂在官帽上，遮住脸，但可以透过胡须看到现场，审完后才取下来，表示还阳，审的时候多一个披风。两边有装扮成牛头马面的士兵，戴头套，表示在阴曹地府。审完了还阳，头套就拿下来。剧中的包拯，最初陈宗垫给陈金盾排戏，由陈金盾饰演包拯，但后来演出效果不太好，就由陈宗垫上去演。第一场戏"落帽风"，大雪纷飞中，陈宗垫饰演的包拯气度威严，精气神

▲《拷寇珠》饰演陈琳（左一：纪亚福）

十足，锣鼓声中提气凝神走圆场，至台口亮相，直到伴奏过门，才变换动作，深吸一口气，开唱。师父的包拯形象深深刻印在纪亚福脑海中。1986年剧团去菲律宾演出，采用的是《审郭槐》的传统本。为培养年轻演员，剧团让纪亚福演包拯。他就学习师父的表演技艺和沉稳的台风，努力塑造出一个正义威严的包公形象。1988年，剧团根据上海京剧院的京剧本，改编了《狸猫换太子》。《狸猫换太子》《拷寇珠》《审郭槐》这三部戏就成为一个系列，在闽南城乡盛演不衰，纪亚福至少演了上百场。

1982年前后，纪亚福出演《三打陶三春》。该剧由本团编剧瞿维西从京剧移植。故事讲述了柴荣命赵匡胤为媒，为郑恩娶陶三春。郑恩当年卖油偷瓜时，曾被陶三春打败，心惧之。赵匡胤乃遣高怀德于途中拦劫三春，欲令高挫三春锋芒，使其后不至于目中无人。不料被三春识破，高竟为三春所败。后三春于金殿大发雷霆，朝中无人能对。柴、赵狼狈万状，连连赔礼。洞房中，三春痛责郑恩后，始与其成婚。打陶三春的分别是高怀德、高怀亮和郑子明，由于技不如人，打人的变成被打的了。

剧中的郑恩个性丰满，有点赖皮，有时又有点腼腆。郑恩有A、B角，剧团为了培养年轻演员，由纪亚福演A角，老师傅陈金盾演B角。

这部戏是由陈宗塾师父教给纪亚福的。比如，第六场"油库"的开场"郑恩跑路（逃跑）"，表现郑恩遇到难题，逃避要躲到油库去。刚开始是采取郑恩出来先踩棚（传统程式，也叫扫棚），展现郑恩打输了，边搓手边跑，内心复杂矛盾，不知如何是好，表演程式上加了"双边"。排了，陈宗塾师父看了觉得不好，又把踩棚的程式减了。因为此时前面铺垫已经很多了，不用再加上踩棚。

较之京剧，高甲戏的《三打陶三春》更诙谐、风趣。这出"打"出来的喜剧，武戏精彩、文戏幽默，通俗喜剧的风格赢得广大观众的喜爱。在晋江影剧院演出时，大受欢迎，场场爆满。

去晋江之前，晋江文化局的局长王敦余曾来拜访厦门市文化局局长林立，一起在人民剧场看《三打陶三春》。他对演员的表演赞不绝口，回晋江后，还在晋江高甲剧团的演员面前夸奖厦门高甲演员。因此，厦门高甲剧团到晋江演出时，晋江高甲剧团的演员都来看演出，有位晋江高甲剧团的花脸还问盾师，郑恩是谁演的。

1978年至1986年，和全国各地一样，厦门也涌现了传统戏曲演出的热潮，一出戏甚至可以连续演出二三十天。纪亚福因此得到很多演出的机会，以前向老师傅学习各种行当的表演，在这几年的演出中发挥了很大的作用，如在《书剑奇冤》中饰高珍、在《胡奎卖人头》中饰胡奎、在《三打陶三春》中饰郑恩、在《审郭槐》中饰包拯、在《五虎平西》中饰狄青等。这一波戏曲热潮让纪亚福积累了相当丰富的舞台演出经验。剧团里这一拨年轻演员迅速成长起来了，一时间群英荟萃。五位年轻的男演员：李聪照、洪东溪、许天良、黄国长和纪亚福，当时人称厦门高甲的"五虎将"。

▲ 20世纪60年代，剧团部分年轻演员合影（一排从左到右：李聪照、许天良、张清土，二排从左到右：柯万利、纪亚福、洪东溪、陈金山、许宗保、李玉明、林瑞安、曾焕艺）

1989年，纪亚福在《五虎平西》中饰演狄青，获福建省第二届中青年演员比赛银牌。1990年获福建省第十八届戏剧会演"群星会"荣誉证书并出席群星会。英姿飒爽的英雄豪杰是那个时期纪亚福带给观众最深刻的印象，虎将英姿，驰骋戏台。

从场下练习到粉墨登场，在师傅的悉心指导下，已过而立之年的纪亚福在实践中不断总结经验和不足，技艺日臻完善，从这时起，他开始思索自己今后的发展方向。一天闲聊时，老师傅林赐福告诉他，演小生，只有一个样子，而演小丑、花脸，可以有很多方面的表现。于是，纪亚福决心在全面继承各行当的基础上，将表演的重心转向丑角。他一遍遍认真揣摩陈宗塾师父的公子丑、提线傀儡丑的表演，体会其神韵。

折子戏《班头爷》是林赐福师傅的经典作品，20世纪80年代初，纪亚福就曾在泉州演过《班头爷》一折，但效果不是很理想。回来后他就开始潜心学习、继承高甲戏名家林赐福师傅的掌中木偶丑的表演艺术。那个鼻子眼睛大片涂白，留两撇小胡子，嬉笑逗乐的班头爷，后来也成为纪亚福在舞台上的经典形象。

林赐福教戏，特别重视教唱腔咬字，他教纪亚福如何运用吞吐音，如何收放。他指导纪亚福表演时腿要半蹲，要注意呼吸，踢腿的时候肚子吸气、收腹，双腿要用力。这些表演经验，使年轻的纪亚福受益良多。

▲《审陈三》林赐福（右）饰班头爷

1993年，纪亚福参加中央电视台春节联欢晚会，与全国戏剧界6个剧种16位著名演员联袂演出魏明伦编剧的戏曲小品《群丑争春》。演员都是一时之选，有京剧的寇春华、朱世慧、吴建平，评剧的刘淑萍，昆曲的刘异龙、张寄蝶，川剧的李笑非，豫剧的牛得草等。名家手笔加上各怀绝技的群丑演绎，演出异彩纷呈，令人捧腹，节目获得了当年春节戏曲小品节目三等奖。

▲ 1993年，参加中央电视台春节联欢晚会《群丑争春》演出，纪亚福（后排左一）与各地名丑刘异龙、张寄蝶、吴建平、寇春华和朱世慧合影

当时为了排练这个节目，来自各剧种的演员都集中在北京梅地亚酒店住了半个多月。排练之余，大家也拿出各自绝活，昆丑刘异龙边表演边讲解《十五贯》娄阿鼠转椅子的一串精彩动作，川剧的李笑非表演骑马的公子丑，京剧名家寇春华演绎的《蒋干盗书》，京剧丑角吴建平表演《时迁偷鸡》的"吃火"，南京昆剧院的张寄蝶示范矮脚虎王英和《武大郎招亲》，讲解矮子步的走法……戏曲名丑会聚一堂，彼此倾囊相授，如切如磋，台上台下其乐融融。与其他剧种名角的交流，不仅让纪亚福与他们结下了深厚的情谊，而且让他有机会就近请益师友，博采众长，丰富表演手法。戏曲艺术在他面前展现出另一番姿态。

从此，他更加重视自身的修养和学习，更加虚心向其他艺术家请教。每天，他都要收看中央电视台11频道播放的戏曲栏目和优秀剧目展演，长年累月，从不间断。为了更好地学习和揣摩其他戏曲艺术家们的表演，他甚至买来整箱空白录像带，一旦看到优秀剧目就赶紧录制下来，细细琢磨。有些好剧目，他觉得可以移植翻编成高甲戏，就对着录像带一句一句抄录下剧本，然后再给年轻演员排戏。纪亚福很重视向其他剧种学习。每次到外地观摩，他带回来的纪念品常常是一大摞一大摞的戏曲音像资料。每当外地剧团来厦门演出，只要有机会，他都赶着去观摩。记得有一回，京剧艺术家尚长荣先生来厦门演出。不巧那天碰上台风，许多人都打了退堂鼓。可是，顶着狂风暴雨，纪亚福硬是赶了过去，而且接连两天，同一个剧目看了两遍！

纪亚福怀着对艺术的热爱，勤学苦练。在师傅们的指导下，在舞台实践和相互学习的氛围中，他努力博采众长，融会贯通，不断提升表演水平。从生、净、末、丑的基本表演到六场通透，从最初站桌角的龙套到独挑大梁的角，纪亚福戏路渐宽，表演经验日趋丰富。

▲ 纪亚福学习的戏曲录像带

苦练绝活

　　高甲戏的丑角艺术多彩多姿、流派纷呈：公子丑、家丁丑、官服丑、女丑、提线傀儡丑、掌中傀儡丑……尤其是模仿傀儡的表演，独特而夸张，具有特殊的审美价值。著名美学家王朝闻说："高甲戏表演模仿傀儡戏动作，使傀儡戏的某些弱点转化为戏曲的特殊优点，就构成了这一剧种的独特的艺术魅力。"[1]

　　纪亚福师承闽南一代名丑陈宗熟与林赐福，特别擅长演"高甲丑"。他准确而熟练地掌握了提线傀儡丑与掌中傀儡丑的表演特色，在继承的基础上，又有自我的体现和独到的表现，具有较高的艺术造诣，被誉为"丑仔王"。

▲ 2004年，接受中央电视台《名段欣赏》栏目主持人白燕升专访

　　《桃花搭渡》是陈宗熟师父的代表作，1954年参加华东会演还获得了演员奖。这个出自《苏六娘》的传统折子戏，描述了好心的老渡伯帮助乖巧伶俐的婢女桃花搭渡过江送信，两人一唱一和一，妙趣横生的场景。《桃花搭渡》中陈宗熟塑造的风趣爽朗的渡伯，具有高甲戏独特的表演风

---

[1] 王朝闻《观剧二题》，载于洪辉煌主编《作家笔下的泉州》，鹭江出版社1998年版，第196—198页。

▲ 《桃花搭渡》陈宗埝饰渡伯、颜秀珍饰桃花

格，轻快自如、粗犷幽默，带有艺术的夸张。单手摇桨和融入傀儡丑身法让这段表演颇具个性。纪亚福总结师父表演的要诀：为了模仿傀儡的形态，演员的脚不能伸得太直，要有点蹲，有点弯。在舞台上走圆场时，重心放在前脚掌，不能放在后脚掌，以表现行船的感觉。陈宗埝师父告诉纪亚福，渡伯的形象来自生活，要善于运用摆动的船桨，艺术地表现生活。有节奏的摇桨动作，将行船张弛的感觉放大，从而鲜明地表现风平浪静和迎击大风或遭遇急流漩涡的不同状态。而要在舞台上表现风浪，就要很好地控制身躯的韵律和脚的摆动，使两者紧密配合。

为了让他更真切地体会，陈宗埝师父带着他到海边，去观察渔民驾船赶海的情形。纪亚福下乡到晋江深沪和石狮永宁影剧院等地演出时，闲暇时常常走到海边，看渔民讨海归来，一艘艘小船去接运捕获的鱼虾。渔民单手摇橹，满怀劳动的喜悦，给他留下了深刻的印象。他发现，在不同劳动情绪下，渡伯的动作有许多不同之处，赶路的时候，欢喜的时候，碰到急流的时候，风和日丽的时候，表现都不一样。纪亚福说："舞台依据生活的原型提炼，进行艺术的夸张，化为戏曲的动作。在情绪上要有鲜明的对比，注意处理好一些关键的动作点。"熟谙师父表演技艺的纪亚

▲ 纪亚福饰演《桃花搭渡》中的渡伯

▲ 老艺人蔡文坛
（供图：吴金宝）

福，将这些生活的观察和体验融会进翩跹的舞姿当中，舞台表现更为丰富，渡伯形象惟妙惟肖、神形兼备。

陈宗塾师父在新中国成立前的演出中就曾经模仿过提线木偶动作，他很喜欢傀儡戏，家中就有亲戚演傀儡戏，他常常去看演出并琢磨傀儡的表演。但开始规范地整套模仿提线木偶表演，则是在20世纪50年代与乐师蔡文坛合作之后。

1956年，福建省文艺界联欢会上，蔡文坛与陈宗塾合作表演了这套模仿提线傀儡的程式。《伍通报》是目前已知高甲戏傀儡丑最早具有成套表演程式的剧目。据说表演时蔡文坛站在桌子上，表演牵丝动作，陈宗塾站在其下，随着蔡文坛的牵丝动作模仿傀儡做戏，仿若真有悬丝一般，引起观者的极大兴趣。当时担任司鼓的吴

▲ 纪亚福的徒弟陈峥嵘示范《伍通报》表演科步（拍摄：吴慧颖）

金宝回忆说：蔡文坛、陈宗塾师徒演出的是"无线的提线傀儡戏《伍通报》"，演出时，桌腿上绑着竹管，支起一张小帐（帷幕），蔡文坛师傅站在帐后桌上假装做出抽动悬丝的动作，但实际上没有线，陈宗塾从幕内唱【慢头】，出场至桌前，道白，模仿傀儡表演《伍通报》，唱【步步娇】和【慌慌忙忙】两首曲子，这两首走路曲各分为三节捻节，共六节，每节有不同的音乐和表演动作，如过小溪，上山、下山、过崎岖山岭，脚、手受伤等各种表演动作。运用傀儡的表演身段得到台下戏曲同行、代表的高度赞扬，特别是谢幕一节，陈宗塾有如一尊有线不会动的傀儡，快速出入谢幕六次，而蔡文坛在桌上也假作提线跟着演员出入六次谢幕，这真是一出"内是人、外是傀儡，似真木偶戏的演出"②。

---

②吴金宝口述，吴慧颖、蔡欣瑜记录整理《鼓乐喧天——吴金宝口述厦门市金莲陞高甲剧团历史》，福建人民出版社2018年版，第68页。

▲ 陈宗塾饰演《审陈三》的李公　　　　　　▲ 著名偶戏艺师林文荣表演提线傀儡戏《目连救
母》（拍摄：吴慧颖）

　　后来，在《审陈三》中，陈宗塾扮演急公好义的磨镜师傅李公，在
《李公报》一折中，他采用提线傀儡丑的动作程式，形象地表现了老人赶
路步履蹒跚的情态，大受好评。任重而年迈，事急而道远，傀儡化的身段
交织跋涉中焦急愤懑与慌乱的情绪，让人印象深刻。1961年，在厦门举办
的高甲戏丑角大会串，五县市高甲戏名丑们都展示了拿手好戏，陈宗塾的
傀儡丑独树一帜。

　　折子戏《班头爷》是林赐福师父留下的经典作品。所谓"班头爷"就
是衙役、牢头。剧中，益春陪同五娘到牢房探望陈三，班头爷乘机敲诈财
物。林赐福采用掌中木偶夸张变形的形象，惟妙惟肖地表现班头爷这个狡
诈贪婪的小人物形象，只见班头爷身体东歪西扭，梗脖子，脚步随着锣鼓
点起落，有节奏地伸头缩脚。据说，为了丰富表演，林赐福每次到南普陀
寺，都很注意观察寺里两厢十八罗汉，从十八罗汉的瞪眼、张牙、举手、
抬脚等各种各样的神态中汲取创作营养，他注重人物动作的刻画和形体的
雕塑感。纪亚福得其真传，继承了掌中木偶丑的表演艺术，尤其在形体刻

▲ 林赐福扮演班头爷

画、动作节奏和唱腔道白的讲究方面，持续钻研完善。经过三十多年的不断演出，《班头爷》已经成为高甲丑的代表之作。纪亚福指导的几代"班头"，都在各类比赛中获奖。

在师傅们的严格训练下，纪亚福全面继承了这些绝活。他勤学苦练，力争使表演日臻纯熟。单纯的技艺模仿是不够的，要演出韵味来，不仅需要下苦功，更需要开动脑筋认真去琢磨。陈宗塾师父教他从生活中观察总结。林赐福师父也认为，演好丑角和创造其他角色一样，要关注生活，要多观察周围的事物。师傅们的经验之谈让他获益良多。下乡演出，纪亚福和剧团的乐师、演员常常到当地的曲馆去，和南音弦友交流，研析唱腔音韵。闲暇时他也常到村头社尾走走，和老乡们闲聊几句家常，或是到海边山上，看看渔民樵夫的劳作。到菜市场买菜是他乐此不疲的事情，不仅是因为他做得一手好菜，那里浓郁的市井气息也吸引着他。这些日常生活中的点点滴滴，提供了丰富的创造素材，也加深了纪亚福对表演和生活的理解。他常说，学生模仿的初步，往往只是学了样子，要在生活上去体验和提炼。"戏饭吃不到那里，就不到功力。"特别像师父那样，演出苍劲的台风来，是很不容易的。

在师傅们长期摸索的基础上，纪亚福总结了提线傀儡丑的表演要领："我的师傅们演了几十年，钻研出来的秘诀就在人的关节，各个部位的关节的灵动性，怎么样摇晃像傀儡。但是，从今天看来，很多专家都认为，人不可能全部都像傀儡。在似像非像的时候，产生一种艺术的魅力，产生整套的从走路到表演动作到身段，好像载歌载舞的那种意念在里面，那种夸张的表演从人物上表现出来了，（让观众）感到特别好看，又特别新奇。"

纪亚福还仔细比较其他高甲戏名丑的表演，发现即便同样是模仿提线木偶，不同演员的风格也不相同。陈宗塾师父的表演是模仿大傀儡，比较庄严，动作较稳重，比较压台；而施纯送师傅模仿的是小傀儡，肢体晃动幅度较大，动作较轻飘活泼。至于采取哪种演法要从剧本的情节和人物的设定出发。

受到师父的影响，纪亚福也爱看傀儡戏，关注傀儡戏的发展，不断丰富傀儡丑的表演方法。他由衷地赞叹黄奕缺师傅的表演技艺，即便是古老的悬丝傀儡技法也可以有创新变化，比如，以前提线傀儡都是横着出场，现在手法丰富，多种多样。

从20世纪80年代开始，纪亚福在继承师父的高甲丑技艺的基础上，逐步开始摸索高甲丑的创新与发展。

《跳加官》是纪亚福在陈宗塾师父指导下探索创新的成果。

传统戏曲开场或喜庆节日宴会时，通常先有一人戴假面具，身穿

▲ 提线傀儡丑表演程式在仪式戏《跳加官》中的运用，纪亚福表演（拍摄：吴慧颖）

红袍，手里拿着"天官赐福"等字样的布幅逐次向台下展示，表示庆贺，祝福吉祥。这称作"跳加官"，也叫作"跳加冠"，是扮仙戏的一种。新中国成立后，"跳加官"一度被视为封建迷信而废止。"文革"后，随着人们观念的解放，吉祥喜庆的"跳加官"又引起了人们的兴趣。有一次，纪亚福参加厦华杯戏曲表演比赛，其间组委会提议加演一个跳加官。这样的场合，如果用传统的跳加官似乎与气氛不搭，于是他就请教师父。师父说，跳加官有三种——夫人旦、县官和天官。原来的跳加官气氛比较严肃，纪亚福考虑要怎么改变一下，增加表演的观赏性。因此，纪亚福就扮一个县官，穿戴小的冠和官服，在表演上用了一些傀儡的动作，按照原来的行走路线，走两个角落，将加官条拿出来表演一下。他自己觉得，这样的改变已经很出格了。可是师父启发说，跳加官是热闹、喜庆，表演要张扬一些，不要保守自赏，动作可以更丰满一些，要让观众高兴。

纪亚福逐步改进丰富，最后形成了一套高甲戏特有的科步表演。演员以老生应工，头戴相貂，身穿红蟒，脸罩天官面具，手持玉如意，随着【四击头】介，前行而至九龙口做科；而后，走到舞台的四个角落，分别手拂玉如意、掸水袖，表示"一扫黎民灾苦""二扫奸邪作祟""三扫妖魔鬼怪"，中间以"相公爷摩"的高甲戏科步做科过渡。然后又至前台中央做"提玉带""涮腰"等科，左手执玉如意示为"当"，右手执玉如意示为"朝"，双手执玉如意示为"一"，双手握玉带示为"品"，示为"当朝一品"，展现"荣耀加身""威风八面"之意，表演风格威严稳健。再有一科，转身至事先舞台中摆好的桌上，取写有"加官晋禄"的条幅，再分别在舞台四角做科，以示"天官赐福""福禄双全""官运亨通"之意。最后飘然而下。整个表演以【慢加官】【三不和】为主的锣鼓点贯穿。纪亚福对跳加官的表演形式做了新的舞台诠释。舞者动作全部模仿提线傀儡的表演，表演身段富有雕塑感，夸张的形体，稳重的表演风格，增强了"跳加官"庄重的仪式感和喜庆色彩。

在同一个人物身上，综合运用提线傀儡丑和掌中傀儡丑的技法来进行刻画，这是纪亚福的新探索。过去高甲丑行表演，一般塑造一个人物只用一种表演方式，如"掌中傀儡丑"就是模仿掌中木偶动作，"提线傀儡丑"就是模仿提线木偶动作。但是在高甲喜剧《凤冠梦》中，纪亚福进行了新的尝试。他认为，掌中木偶与提线木偶的表演具有不同的韵味。提线傀儡的丝线将偶人上提的形态，正好可以表现出人物"趾高气扬"的神态；木偶悬空、缺乏支点的自然摇摆，用来表现人物的"扬扬得意"，比任何一个动作都恰到好处。提线傀儡的肢体关节松动、体态摇动轻盈，神韵轻松活泼，适合表现人物心里得意轻松的一面，而用掌中木偶双手垂直夹腹的习惯动作，则可以表现人物畏缩、阴暗的一面。《凤冠梦》中的李元顺是一个典型的见风使舵、一心往上爬的官场势利人物，纪亚福灵活地把傀儡表演方法融合到"官服丑"的表演中，糅合运用"掌中傀儡丑"与"提线傀儡丑"的技法，更准确地表现人物的喜、怒、哀、乐，使人物更加丰满生动。例如，在高甲喜剧《凤冠梦》中，李元顺升官得意，一家人得意忘形，采用了提线木偶的表演，以摇头晃脑、关节松动、跳跃的形体表现。特别是当刑部给事张一同前来说媒，与李元顺见面行礼如仪，两个

▲ 在《凤冠梦》中饰李元顺

人物分别运用了提线傀儡丑和掌中傀儡丑的表演，并以傀儡的道白特点，一高一低、一厚一细、忽快忽慢、时而急促时而拖拉，极富动感，使人物栩栩如生，尽显傀儡神韵，体现人物喜悦心情，把剧情带到一个小高潮，为下面的剧情发展做铺垫。当李元顺得知自己的靠山倒台时，采用了掌中傀儡丑的表演。紧张、僵硬的肢体表演，惊恐的神情，机械压抑又机警的木偶神韵，表达人物对官场变化的警觉、惊恐的反应特点。其中，人物把服装背部往上提到后脑，弯腰屈膝，双臂夹紧，神情惊恐落寞，塑造出一副丧家犬的形象。纪亚福抓住了傀儡的神韵，将两种丑行的表演方式结合起来，活脱脱刻画出官场中这类见利忘义、趋炎附势人物的丑陋嘴脸。

2006年，厦门市金莲陞高甲剧团排演剧作家曾学文的新编剧目《阿搭嫂》，参加福建省第23届戏剧会演。纪亚福扮演的肖秀才是一个孔乙己式的落魄文人，他饱读经书，熟悉古训，但行为举止却又是一个大事不成、自以为是，身上处处散发酸腐的无能秀才。纪亚福很喜欢这个角色，这是他从艺40多年来还没有遇到过的新形象，是机遇，也是挑战。新的角色，又接近于现代的"时装戏"，与传统戏的表演有很大的区别，还需要找寻

▲ 在《阿搭嫂》中饰演肖秀才

▲ 《阿搭嫂》之"背童"，纪亚福饰演肖秀才，吴晶晶饰演阿搭嫂

高甲戏的表演特点，用准确的肢体语言来传情达意。为此，纪亚福认真研读剧本，经历了痛苦的寻找角色的过程。为了琢磨人物，他特地找来鲁迅的小说，体会落魄秀才的感觉；与导演反复切磋探讨，一遍又一遍地尝试摸索；听取众人的评论，不断修改。在思考角色时，他想起了师父林赐福在传统戏《粉妆楼》中扮演的郎中张勇仙，林赐福师父将老秀才的点点滴滴刻画得丝丝入扣。师父的表演给了他很大启发。每次排练、演出后，纪亚福不断地思索与总结，希望能更准确地把握这样一个特定人物的形象与性格。

　　经过一段时间的琢磨，他决定摒弃以往表演行当的定式，从人物出发，提取高甲戏掌中傀儡丑的元素，将僵臂、斜视、梗脖、双臂夹腹，双脚又不时快速点地，转身快节奏、重身倾斜等布袋丑的动作特点，化入秀才的行为动作中。这个人物的塑造体现了高甲戏的表演魅力，充满喜剧效果，为高甲戏丑角增添了一个独特而崭新的形象。在具体的情境中，在陈大联导演的编排下，纪亚福又糅合了提线傀儡丑的表演，表现"读书人被白丁弄傀儡"。如在第二折中，阿搭嫂支使肖秀才背少爷，舞台上设计了一段别致的提线木偶舞，全部用虚拟的动作来表现背童和受操弄。阿搭嫂捻指绕线，仿若牵丝；肖秀才受其牵引，双臂关节屈曲呈"巾"字，掌出两指，臂若悬吊，头摆左右，提足僵直，进退如滑。一旁的少爷举着秀才"代书"的旗幡，伴随着轻快的音乐，步伐整齐地和两人一同起落进退。舞台上三人载歌载舞，十分精彩。2006年，纪亚福凭借新编高甲戏《阿搭嫂》中饰演肖秀才的精彩表演，获得福建省第23届戏剧会演优秀演员奖。

塑造过形形色色的丑角，作为高甲戏丑行的传人，纪亚福深刻体会到高甲丑角表演的不易。不易在于"形似容易神韵难"，不易在于同样的表演动作和程式，如何演出独特的人物个性来。"在近四十年的艺术创作中，到现在我才敢说，我逐渐明白了高甲丑角创造角色的其中三昧。模仿前辈艺人的表演、程式容易，创造角色难。掌握'形'只是初级的层次，唯有在掌握'形'之后，进入'神'才是高甲丑角艺术的真灵魂。要达到'形神兼备'，必须对人物角色有准确的理解和把握，在掌握了人物的具体性、生动性、可感性的外形之后，进入人物的主观世界，才能塑造出活灵活现的人物来。"2010年，书法家陈武星送给纪亚福一幅书法作品，上书："丑仔王"。

除了"丑仔王"，纪亚福还有个雅称叫"戏斗笼"。

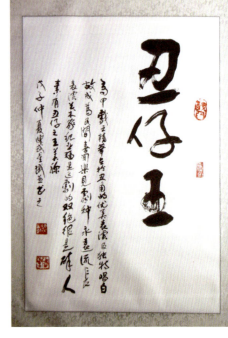

▲ 陈武星题赠书法"丑仔王"

　　"戏斗笼"是高甲戏界对行当全面、技艺精通的老师傅的尊称。"斗笼"是闽南民间常见的一种大容器，什么都可以装进去，因此"戏斗笼"当然就是多面手了。但真正能担当得起这个名号的，可谓寥寥可数，纪亚福乃其中之一。他戏路宽广，无论是老生还是小生，文官还是武将，大花、二花，或者形形色色的丑角，样样精通。随着纪亚福对舞台表演艺术的理解和体会的逐步深入，他也开始担任一些导演工作，先后导演过大戏《夕照祁山》《五虎平南》《追鱼》《嵩口司》《楚王夺媳》《君子亭》《李元霸》《佘赛花》等，折子戏《吴汉杀妻》《包公赔情》《谢瑶环》《徐策跑城》等。

　　纪亚福认为，通过导演排戏，不仅可以帮助年轻演员成长，也促进了自己对剧目的理解，有助于表演的提升。1999年排大型高甲剧《金刀会》，他担任副导演，帮忙辅导青年演员，帮助设计动作程式。该剧获得福建省第21届戏剧会演荣誉导演奖。在2002年的《上官婉儿》中，他饰演的老黄门是一个龙套角色，可是精彩的丑角表演让这个人物充满了喜剧

▲ 《夕照岐山》纪亚福饰演魏延，刘丹云饰演魅娘（拍摄：陈炳聪）

色彩。纪亚福也因此获福建省第22届戏剧会演演员奖,并在2003年赴西安参加第8届中国戏剧节再获表演奖。老黄门的演绎运用了提线傀儡丑的表演,纪亚福在创作心得中谈及:"演员要展现出'提'字,就是要表现木偶身上三十六块木头机灵运动(民间对木偶的说法)。演员怎样学木偶,如何体现人物角色,就在以'提'为主,头、手、脚、身段和手指,加上演员的塑造,就活灵活现地表现出老黄门在《上官婉儿》一剧中的人物形象。""(表演)让观众更有一种回味,感受傀儡戏演人物,它的艺术是更夸张的,而艺术家把傀儡动作展演在戏剧舞台上的联想,人物角色也同样是夸张,同时也是幽默可爱、美不

▲ 第8届中国戏剧节《上官婉儿》中饰演老黄门

▲ 《上官婉儿》之《送花》

胜收。"纪亚福还参与编排了剧中一段龙套群舞《送花》。模仿木偶的群丑，动作整齐划一、滑稽可笑，给人留下了深刻的印象。《送花》成为厦门市金莲陞高甲剧团的保留折子戏，常演不衰。

在长达半个世纪的演艺生涯中，纪亚福塑造了大大小小几十个性格迥异的角色，这些角色行当跨度大，生、净、末、丑全部囊括，在塑造不同行当角色时，他熟练地将高甲戏传统表演艺术运用到每个角色中，在继承传统的基础上，逐渐形成了自己颇具个性的表演风格。他塑造了生、末、净、丑各种人物角色，继承和发展了高甲丑表演艺术，也获得了一系列的荣誉，赢得了人们的尊敬，被人们称作"戏斗笼""六面角"。

1996年，纪亚福赴湖南长沙参加中国（湖南）第4届映山红民间戏剧节，在《审陈三》中饰班头爷，获演员二等奖。1998年，在鼓浪屿港仔后举行的中央电视台《千家万户把门开》元宵文艺晚会上，纪亚福与本团演员许天良合作表演高甲丑节目《逛花灯》。1999年，纪亚福担任大型高甲剧《金刀会》副导演，获得福建省第21届戏剧会演荣誉导演奖。1999年9月，大型高甲戏《金刀会》应文化部邀请，赴北京参加庆祝中华人民共和国成立50周年优秀剧目展演，他在《金刀会》剧中饰杨令公。2001年，在《夕照祁山》中饰魏延，获福建省第6届"水仙花"小戏小品小剧场话剧比赛表演二等奖。2003年，纪亚福在《上官婉儿》中饰老黄门，参加第8届中国戏剧节获表演奖。2004年，中央电视台戏曲频道《名段欣赏》栏目将纪亚福不同行当的表演片段拍成两集播出。2005年，纪亚福获厦门市第4届"金鹭奖"优秀演员奖。2006

▲《班头爷》，纪亚福饰班头爷，林丽雅饰益春

年，福建省电视台《八闽之子》栏目专门采访纪亚福并做了报道。2006年12月，纪亚福在高甲戏《阿搭嫂》中饰肖秀才，获福建省第23届戏剧会演优秀演员奖。2007年，厦门卫视《看戏》栏目以"人生折子戏"人物专访为题分三集播出。2008年，纪亚福被福建省委、福建省政府授予福建省先进工作者称号。2008年2月，经中华人民共和国文化部遴选公布，纪亚福成为国家级非物质文化遗产项目高甲戏代表性传承人。

　　高甲戏有很多武戏和宫廷戏，尤其是老生和花脸的表演也吸收了不

▲ 国家级非物质文化遗产项目高甲戏代表性传承人证书　▲ 在高甲戏《金刀会》中饰杨继业
（拍摄：黄永碌）

少北管、京剧等其他剧种的程式，但又有所区别。纪亚福认为，闽南地域的群众不喜欢看拖泥带水的，要看气派和威严。高甲戏的出场程式比较单一，与京剧有很多不一样的地方。比如人物出场：京剧是在【四击头】接【水波云】后出场；高甲戏则是在【四击头】中段就出场定位，比较霸气，还要先整冠、理髯口，之后再说明心情或任务，例如《辕门斩子》中的杨六郎。他认为，京剧有许多可以吸收借鉴的地方，但在高甲戏的舞台上，应该把京剧的程式化为己用，根据剧情进行调整安排。同时要注意传承本剧种特有的表演，如高甲戏特有的一些步法和手法，像《李公报》中的表演等。

　　2004年，中央电视台的戏曲频道来厦门录制《名段欣赏》专场，纪亚

福饰演《千里驹》中的铜锤花脸徐延昭。虽然这也是京剧中的经典人物，但两者表演有所差异。在纪亚福的演绎下，遒劲有力的道白和唱腔，抖冠、捋须等细节及苍劲夸张的肢体动作，生动刻画出一位刚正不阿的忠臣形象。这类耿直、忠诚的谏臣形象，一直以来广为闽南民众所喜爱。1999年的《金刀会》中，纪亚福扮演杨令公，虽然戏份很少，在台上仅仅几分钟、几句台词，但威风凛凛、光彩照人，雕塑般的英雄造型，给人留下了深刻的印象。

又如，掌握人物的分寸感十分重要。徒弟陈峥嵘在一篇文章中，提及师父在《春草闯堂》中饰演老相国李仲钦（老生）的一个细节处理时这样写道："第五场，吏部尚书强忍失子之痛前来向相国李仲钦讨说法，他一进门就怒视相国，步步进逼。作为表演者，如果为了人物的身份与之硬顶，那么吏部尚书的表演就会被弱化破坏。如果被逼得连连后退，那么相国的身份也会被弱化。那么师父是如何处理的呢？相国刚碰到怒气冲冲的吏部尚书，先是一愣，然后退一步，上下打量，接着移向左台口，与观众交流，表示不解吏部尚书之意，然后在同一个【四击头】里返身回到舞台中央询问来意。于是巧妙地把这个表演矛盾化于无形之中。"这样的舞台处理，不但刻画了李仲钦的正面形象，也把老相国身处官场中的圆滑、老谋深算，在一些小细节中展现出来，人物更丰满可信。

▲ 在《春草闯堂》中饰李仲钦

四海传播

　　从闽南沿海扬帆而去，是广阔的太平洋和印度洋。从宋元到明清，闽南人"过台湾""下南洋"，渡海漂泊，不断向外播迁，闽南戏曲亦由此流传到海外，源远流长的文化传统伴随着乡音乡韵，点点滴滴，尽在游子心头。

　　早在20世纪40年代，金莲陞就是闽南侨乡驰名的高甲戏班。改革开放以来，随着两岸关系的逐步"解冻"和我国对外文化交流的不断开展，出访任务日渐成为剧团的重要议程。作为剧团的骨干力量，纪亚福多次随剧团赴菲律宾、新加坡等国家和中国台湾、香港、澳门等地区演出。

▲ 1986年，厦门高甲剧团访问菲律宾，福建省文化厅邹维之副厅长（访问团团长）带领剧团主要演员拜会中国驻菲大使馆，与大使合影留念

　　1986年1月，厦门高甲剧团赴菲律宾访问交流。这是该团1949年以来第一次出访开展文化交流。厦门市文化局很重视，特地给每个团员统一定制了一套西装。一下飞机，邀请方菲律宾钱江联合会早已在机场等候，欢声笑语中，他们给每个团员戴上了象征欢迎与祝福的花环。福建省文化厅

邹维之副厅长担任访问团团长。在菲律宾演出期间，他还带领剧团主要演员拜访中国驻菲律宾大使馆与当地侨领、社会贤达。菲律宾总统发来贺信，欢迎剧团来访，并肯定文化交流有助于增进两国人民之间的了解和友谊。中华人民共和国驻菲大使陈嵩禄题词：发扬中国传统艺术，增进中菲文化交流。剧团在马尼拉进行了为期一个多月的演出，演出《春草闯堂》《陈三五娘》《徐九经升官记》和《书剑奇冤》等17个剧目，受到菲华各界欢迎和广泛赞扬。在菲期间剧团共演出32场，观众达23万人。马尼拉的夜晚，戏院广告的霓虹灯流光溢彩，兴奋与喜悦写在每个人的脸上。其间，马尼拉中文报纸发表了几十篇评论文章、剧照和消息。熟悉的乡音、精湛的演技和独特的风格，高甲戏在菲华社会掀起巨大的热潮。有的华侨居住在吕宋岛北，乘车500多公里赶到马尼拉来看戏。在菲律宾的最后一场演出，纪亚福至今仍印象深刻：剧场爆满，谢幕时观众掌声雷动，演员们也被观众的热情所感染，走到台下，在戏院门口与依依不舍的观众一一握手道别。侨胞们的满怀乡情，高甲戏在海外的巨大影响力和观众们对艺术的赞赏，让纪亚福对自己所从事的高甲戏事业倍感自豪。

▲1986年，赴菲律宾演出结束后，送观众出场　▲1988年，厦门市金莲陞高甲剧团到香港演出，香港著名电影明星汪明荃上台祝贺演出成功

1988年10月，高甲剧团又应香港福建商会、同乡会、体育会和香港联艺娱乐有限公司邀请，赴港参加1988年度中国地方戏曲展的演出活动，

在新光戏院上演《武则天篡唐》《乘龙错》《春草
闯堂》《凤冠梦》和《审陈三》5个剧目，一时间，
"一曲乡音动心弦，港人争看金莲陞"。在这次出
访中，纪亚福在《春草闯堂》中饰李仲钦、在《凤
冠梦》中饰李元顺，均受好评。

2004年，纪亚福随厦门歌舞剧院赴新加坡参加
"春到河畔迎新年2004"演出活动，表演的高甲折子
戏《班头爷》《公子游》《桃花搭渡》受到好评。在
新加坡的韭菜芭城隍庙演出时，他还遇到了来自台湾
的京剧演员。怀着对戏曲的共同爱好，他们亲切而愉
快地交流各自的表演心得。

2007年12月，他又随厦门市金莲陞高甲剧团赴澳
门，为澳门厦门联谊会总会成立庆典演出。

2008年11月11日至16日，应新加坡厦门公会的
邀请，厦门市金莲陞高甲剧团一行65人，赴新加坡
文化交流，参加新加坡厦门公会70周年庆典演出。
这次带去了大型高甲戏《孟丽君》《春草闯堂》
《诈死天王庙·绞庞妃》及小戏《喜迎亲》《行当
展示》《班头爷》《桃花搭渡》。新加坡牛车水人
民剧场前，挂起了厦门市金莲陞高甲剧团的巨幅海
报："闽南古韵　唱响狮城"！

盈盈一水间，台湾地区的戏曲文化源自祖国大
陆。由于方言相通、习俗相近，长期以来，两地戏
班往来演出、拜师教习，"你中有我，我中有你"
是闽台民众习见的社会景观。早在1949年以前，同
安一带的戏班就频繁赴金门演出。如清云轩、碧月
阁、福美等著名戏班，常跨海到金门演出高甲戏，
甚至带动当地子弟班的筹组。金莲陞戏班就是在

▲ 2008年，厦门市金莲陞高甲剧团赴新加
坡演出海报

1931年由金门和莲河的高甲戏艺人共同重组，成立之后，驰骋闽南侨乡，一时间有"龙班"之称。然而两岸数十年隔阂，竟让一个窄窄的海峡，俨然成为难以逾越的冰川。

春暖花开的日子终于到来了。

1989年，台湾学者许常惠、陈茂萱来厦门参加首届台湾艺术研讨会，并观看高甲戏演出，与演员吴晶晶、张丽娜、纪亚福合影。

▲ 1989年，台湾学者许常惠、陈茂萱在厦门市文化局陈克华、洪泽如、黄敬铁及厦门市台湾艺术研究室孔皿陪同下观看高甲戏演出，并与演员吴晶晶、张丽娜、纪亚福（左二）合影

1994年3月26日至5月25日，厦门市金莲陞高甲剧团应邀到台湾地区参加台北"戏曲节"和高雄"戏剧季"演出，并先后到台南、基隆等地公演，引起轰动。台湾的《中国时报》《民生报》等媒体以"大陆来的闽南语戏曲　'金莲陞'阵容强　到台北""来看高甲戏，有趣又精致""重温高甲戏旧梦，厦门金莲陞访台演出六十场"等作为标题纷纷报道。高甲戏丑角以其精湛的艺术，广受关注。其间，厦门市金莲陞高甲剧团应邀赴台北艺术学院分别示范了丑、旦、生角的高甲戏经典作品，其中高甲戏吸收布袋戏、傀儡戏的丑角身段表演，尤其令人赞叹。演出结束后，艺术学院戏剧系主任邱坤良主持"台闽高甲戏表演艺术研讨会"，除了金莲陞全团参与外，还有台湾一些著名专家学者共同讨论。另外一场在台北市社教馆演出的《凤冠梦》，展现了丑行精湛的演技与丰富的门类，台湾著名戏

曲专家贡敏看后直呼过瘾，他说："剧中布袋丑与傀儡丑的身段，上下呼应，左右对称，堪称中国戏曲画面之绝。"剧中纪亚福饰演的李元顺正是运用傀儡丑的表演技法。这场演出在台湾记者笔下也留下了生动的记录："高甲戏独特的丑行表演，堪称中国戏曲一绝……最令人拍案叫绝的是剧中布袋丑与傀儡丑应对的一幕。只见两人以布袋偶、傀儡偶身段出场，随着谈话不停摆动身体，形成种种巧妙停格画面，一来精彩，二来逼真，观众报以热烈掌声及畅快的笑声。"对大陆剧种甚为熟悉的贡敏还为此番高甲戏宣传不力、演出场次太少抱不平，他说："如此通俗易懂，又操着闽南语口音的地方戏，如果在北市各庙口巡回，保证爆满。"③

▲1994年，台湾《民生报》报道厦门市金莲陞高甲剧团赴台交流

▲1994年，厦门市金莲陞高甲剧团赴台北、金门交流演出

---

③《高甲丑 精湛拟态 令人叫绝 门类丰富 贡敏希望更多人能看到》，《民生报》1994年4月6日。

　　厦门市金莲陞高甲剧团结束台北的演出后，应金门中华民俗文化交流协会邀请，在时隔45年后到它的发祥地之一金门县巡回演出。这是福建省第一个赴台湾地区演出的艺术表演团体，也是大陆第一个到金门演出的剧团，台湾媒体称作"厦门叩开了关闭45年的金门"。金莲陞来访，勾起了金门民众浓浓的乡情，精湛的表演大受欢迎。演出45场，场场爆满，人山人海，是大陆演艺团体在金门演出场次最多的剧团之一。金门演出地点有的在学校礼堂，但大多在庙口广场，也去了小金门的学校礼堂演出折子戏。在小金门演出时，纪亚福抽空到海边走走，从那里一眼望过去，一水之隔，厦门近在咫尺，尤其是环岛路上"一国两制，统一中国"的标语牌看得清清楚楚。

　　在各村庙宇竞相聘演之下，演期也一再延长达40天之久，甚至连排演的剧本都用罄了，不得不托渔民从厦门取来《桃花搭渡》《徐九经升官记》等剧本和字幕、道具应景，这种情形可谓前所未见，足见当时演出的盛况空前。剧本取回来之后，纪亚福赶忙排练，四五天后，新戏上演。金莲陞所到之处人山人海，鞭炮锣鼓齐鸣，戏迷们争先合影留念。有个晋江人董马乍从台湾来金门看戏，看了《徐九经升官记》，他跟纪亚福说："人家演丑角的，像溪师（柯贤溪），个头不高，面不俊，你这么高，这么潇洒，来演丑角的很少见啊。"金门乡亲的热情让纪亚福至今忆起，仍然怀念不已。有中学生不畏风雨跟着戏班跑，迷上了剧团的年轻小生。在金门金沙镇演出时，可爱的金门小朋友还努力挤到后台，像"追星族"一般，满心欢喜地拿出小本本请阿福师签名。听说剧团有团员过生日，金门民众准备了蛋糕、饮料，染得透亮的红蛋铺满桌面。偶有空暇，闲坐泡茶的金门人，跟住在西门里办公室的厦门金莲陞剧团团员，一弹琵琶、一吹洞箫，就对奏起来。在台湾《民生报》记者纪慧玲的眼中，"金莲陞这次在金门演出，造成天大的轰动"，"上戏、下戏，早已和金门人生活打成一片"。④

　　这次到台湾地区的交流演出长达一个多月，为慰藉团员们的思乡之情，厦门的广播电台在厦门市文化局局长彭一万积极筹划下，举办了一场

④纪慧玲《厦门金莲陞 金门众人迷 上戏下戏 水乳交融》，《民生报》1994年5月6日14版。

▲ 1994年，在台湾金门金城镇北门演出《画龙点睛》时的热闹场面

▲ 1994年，纪亚福在金门演出时为小观众签名

特别的海峡两岸电话连线直播。当时被邀请到电台的剧团家属有纪亚福的妻子洪慧人、吴晶晶的母亲苏亚片和陈耕的妻子吴建珍。金门这边，所有的团员都围着一台小小的收音机，屏气凝神地倾听彼岸亲人的声音。在电话里，洪慧人告诉纪亚福，他的外孙女出世啦，小蕾母女平安。久违的亲人，家乡的好消息，一股暖流涌上心头，阿福师激动地落泪了。后来，文化局领导和剧团团员约定，改天在电台点一首歌送给剧团。留在厦门的另一位团员家属张世泽听说了，跑到电台，软磨硬泡，又点了一首歌送给在

▲1994年，厦门市金莲陞高甲剧团赴金门演出，盛况空前，剧本告罄，请渔民到厦门拿剧本继续演出。图为《徐九经升官记》，纪亚福饰演徐九经（拍摄：董马乍）

▲2001年，赴台湾演出，在台北新舞台演出《金刀会》片段及折子戏《昭君出塞》《武松杀嫂》等

金门演出的妻子，歌名是"等你等到我心痛"。

这一年，厦门市金莲陞高甲剧团受到国台办和文化部的公开表扬。

2001年11月，厦门市金莲陞高甲剧团再次赴台湾演出。在台北、高雄、彰化等地上演大型高甲戏《金刀会》《凤冠梦》《春草闯堂》等，在这些剧目中，纪亚福饰演李元顺、李仲钦等重要角色，得到台湾戏剧界专家的好评和当地民众的欢迎。11月26日，剧团在台北市新舞台演出高甲折子戏选粹，其中就有纪亚福拿手的《班头爷》。异彩纷呈的表演，给台湾观众留下了美好而愉快的回忆。

2001年12月和2005年9月，厦门市金莲陞高甲剧团又两度赴金门演出。2007年5月，纪亚福随厦门市金莲陞高甲剧团第四次赴金门演出。金门乡亲看到他在《千里驹》中饰徐延昭的花脸演出，一致称赞这才是真正老师傅的表演。

2001年，厦门市金莲陞高甲剧团赴台演出回厦，亲人在机场接站（拍摄：姚凡）

▲ 2008年，厦门市金莲陞高甲剧团在台北演出，热情的观众冒雨观看演出

　　2008年4月，由福建省文化厅组团，厦门市金莲陞高甲剧团第三次赴台湾，参加2008年郑成功文化节的交流演出。在台北霞溪城隍庙演出时，突然下雨，观众却还是不愿离去，冒着大雨，仍津津有味地观赏厦门市金莲陞高甲剧团的精彩表演。

　　2013年9月、2015年1月，应台中市文化局、台南市文化协会等单位邀请，厦门市金莲陞高甲剧团、厦门市歌舞剧院一行先后两度赴台南、高雄等社区庙口开展"乡音之旅"台湾行巡回演出。纪亚福都随团赴台演出。

　　一次又一次的出访，从空中到海上，辗转奔波的旅程，纪亚福和剧团的同事们创造了一场又一场文化交流的盛会。从厦门出发，漂洋过海，到达香港、澳门、台湾地区及东南亚，循着这条先辈们谋生奋斗的轨迹，纪亚福也在空间的变迁中感受着千百年来闽南人的漂泊与开拓。洪亮铿锵的曲调，不知何时，参差了千回百转的思量，平添了几许苍凉，触动了多少尘封的故里情怀，陶醉了几多他乡异域的高甲知音。这一切，让演惯了人世沧桑的纪亚福一次次被深深感动。满载乡情、友谊和荣誉，每当纪亚福出访归来，看到早早守候在机场的家人和厦门文化界的同仁，幸福刹那间涌上心头，心里沉甸甸的。

薪火相传

在纪亚福看来，学戏首先要养成认真敬业的艺德，要培养对高甲戏的热爱。他一直牢牢记得，角色无论大小，戏份无论多少，陈宗塾等老师傅一到台上，都全神贯注，倾力演绎。1961年，《厦门日报》曾登载过一则短文《花间小语——听曲观戏有感》，文中写道："高甲戏老艺人陈宗塾，在《伍通报》中表现了独特的技艺，在《桃花搭渡》中，又把渡伯演得风趣盎然。而他在五个高甲剧团联合演出的《斩黄袍》中，虽然扮演的只是个通名报姓的随从角色，但依然认真演出，圆场有庄重的脚步，助威有深沉的喊声，俨然是剧中人郑恩的家将一名。"

长年跟随恩师，耳濡目染，纪亚福从心底里对高甲戏、对剧团有一种深深的热爱。每次演出，哪怕只是个小配角，他总是态度认真地做好准备，在台上演出时全身心投入。剧团下乡演出，尽管他已经是在职人员中最年长的师傅了，可他还是常常带头扛戏箱，帮忙收拾道具。传艺更应树人，纪亚福希望作为师傅的自己能给年轻人做个好榜样，将以往老师傅的好艺德也传承下去。

▲ 搬戏箱（供图：吴伯祥）

　　纪亚福钦佩陈宗塾师父精湛的技艺，更感怀师父为人的善良热忱。在一篇回忆陈宗塾师父的文章中，想起过往，纪亚福深情地说："记得抗日战争时期在'家村'授艺的恩师，听到枪声顾不得家人，抱起年幼的弟子柯国为跑到山间避敌，这种爱徒如子的精神在我辈中传为佳话。"他亦感念陈宗塾与蔡文坛两位师傅患难与共的同行情谊，共同切磋钻研的艺术精神。他曾听团里的老艺人说起，蔡文坛20世纪三四十年代就是个知名的乐师，擅长南嗳、鼓等乐器，原本自己经营傀儡戏班，会演傀儡，什么角色都会演。可惜他沾染上毒瘾，吃鸦片，打吗啡，在鸦片馆把钱都花光了，只好把戏笼卖掉，穷困潦倒当了乞丐。陈宗塾得知后，很同情他的遭遇，就跟金莲陞戏班的班主商量，请蔡文坛来当乐师。此后，他们的情谊更加深厚，在生活上互相照应，在艺术上互相促进，成师徒，亦如手足。

　　传承师傅的技艺，更要传承师傅的品德。点点滴滴，纪亚福牢记在心。剧团哪个年轻演员有什么疑问，他都耐心为之提点。谁家里碰到困难，他都尽量施以援手。团里的年轻人上台演出时，他总是安安静静地在台下一角专心看，发现问题，下场及时纠正。谈到艺术他总是很严肃，连他化妆的时候，都是一丝不苟，神情庄重。下乡演出的间隙，他站在庙门口，给临上场的年轻演员进行辅导。对面戏台灯火通明，锣鼓喧天，而在庙埕一隅，纪亚福一招一式细心示范指点，全然不闻周遭的嘈杂。

　　将师傅传授的精湛技艺一代代传下去，并发扬光大，是纪亚福的心愿。台上演的是嘻嘻哈哈的丑角，可是台下的学习过程却严肃得很，一招一

▲ 排练场上的示范动作（拍摄：吴慧颖）

式，丝毫马虎不得。他的话不多，可是在排练场上很严格。学生的动作哪里不到位，他都一一细心指出。看学生一时领会不到，他一着急，干脆径自走上场去，亲自比画几下，示范给学生看。他记得以前师傅们就是这么教他的，师傅说，身传比口授更重要！这些年，纪亚福也应邀到厦门艺术学校高甲班教学，培养了一批又一批的高甲戏学员。还有好些泉南一带的职业剧团演员，专程跑到厦门来拜师学艺。他很高兴年轻人来学高甲戏，总是悉心传授技艺，教导他们为人处世的道理，养成他们对戏曲艺术的热爱。

▲ 辅导徒弟吴伯祥折子戏《班头爷》（拍摄：吴慧颖）

1994年，纪亚福辅导周阳杰《班头爷》获福建省第四届"水仙花"戏剧新秀（新苗）比赛优秀演员奖，他也荣获"优秀辅导教师"奖。2004年，他辅导艺校高甲班吴伯祥折子戏《班头爷》，荣获"蚁力神杯"全国艺术院校戏曲、戏剧表演初赛华东片区园丁奖。2004年，他辅导学生吴伯祥折子戏《班头爷》《探马》，这两个折子戏获得福建省第五、六届中青年演员比赛银奖。2008年，辅导陈峥嵘折子戏《伍通报》，荣获福建省中青年戏曲演员比赛金奖。

从事了一辈子的事业，半个世纪的舞台生涯，纪亚福对高甲戏满怀热爱。可是，在现代社会的急遽变迁下，传统艺术日渐衰微。纪亚福为之忧虑而着急。

每天早晨6点多，纪亚福就出现在排练场上，等候学员们来排戏。偌大的剧场，孤零零的背影，让人陡然心疼。偶尔被问起这件事，他有些不好意思地摸摸后脑勺，笑着说："没什么，没什么，以前剧团的老师傅就算当天没演出，也都天天这么早就起来练功了……"

2008年8月，中国戏曲学院导演系的阎骏老师，为探索将地方戏曲剧种中最具特色的表演元素引入学校教学，特地利用暑假时间，到厦门考察学习高甲戏丑角表演艺术。纪亚福在紧张排练《佘赛花》之余，利用假日和晚间，不辞辛苦地给予细心辅导。阎骏在给剧团的感谢信中说："小到一个眼神动作，大到不同丑行特色的把握，深入浅出，具体翔实，使我大开眼界，受益匪浅，真正近距离地领略到高甲戏丑角表演艺术。同时纪老师真诚谦和，虚怀若谷的人格魅力与热情认真的工作态度也给我留下了深刻印象。"纪亚福的教学与介绍，让阎骏老师深感高甲戏剧种的博大精深，并且建议纪亚福把高甲戏丑角有代表性的典型表演程式元素集中归纳整理，编成

▲ 2008年，中国戏曲学院阎骏老师拜访纪亚福，学习高甲戏丑角艺术

套路组合，形成一份教材，给后人留下一份实实在在的立体音像学习资料。

尽管高甲戏在几十年前就进入了戏曲学校或地方艺术学校的教育体系，但是，戏曲表演课的教学，大多由学校聘请剧团的老演员到校教学，秉持"口传心授"的传统模式，至于书面教材则多流于粗疏，有的甚至根本没有本剧种表演的教材，完全靠老演员的"现身说法"。鉴于高甲戏"傀儡丑"独特的表演艺术和丰富内涵，2009年，厦门市台湾艺术研究院吴慧颖博士申报国家社科基金艺术学科研项目《高甲戏"傀儡丑"技艺的整理与研究》，纪亚福和陈炳聪、陈峥嵘、吴伯祥、白君郎等具有多年表演经验的中青年演员应邀参加专题小组。

表演程式的整理可谓筚路蓝缕。面对烦琐的记录整理工作，纪亚福始终以极大的热情和认真的态度积极参与，反反复复的表演程式拍摄不厌其烦，解说文字的修订校正精益求精。偶尔在讨论时，他也顺便提点一下年轻演员表演的诀窍，分享自己的表演心得。在他的带动下，课题顺利推展，研究者和年轻的同行都收获满满，数百张表演程式动作和身段谱的图片及说明，留下了高甲戏"傀儡丑"珍贵的技艺记录。

▲ 国家社科基金艺术学课题《高甲戏"傀儡丑"技艺的整理与研究》结项成果被收入"十三五"国家重点图书规划"中国戏曲艺术大系（2期）"

2010年，海峡两岸民间艺术节隆重推出了"高甲薪传——国家级非物质文化遗产高甲戏项目传承人纪亚福专场演出"，这是厦门第一次为非遗传承人举办个人专场演出。演出剧目有《跳加官》、《千里驹·谏君》、《凤冠梦·说亲》、《春草闯堂》选段、《狄青坐帐》、《班头爷》等折子戏，全面展现纪亚福"六面角""戏斗笼"的精湛表演技艺。

在《班头爷》一折中，四代"班头爷"同台表演，承载着高甲戏薪火相传的美好愿望。就在专场演出现场，剧团青年演员陈峥嵘和吴伯祥按照古礼，在时任厦门市戏剧家协会主席黄永碤的主持下，正式拜纪亚福为师。两岸嘉宾、艺术家和数百名观众一起见证这激动人心的一幕。纪亚福很高兴，决心要教好这两个好苗子，让高甲戏艺术一代代传下去。

▲ 2010年，海峡两岸民间艺术节之"高甲薪传——国家级非物质文化遗产高甲戏项目传承人纪亚福专场演出"，台湾嘉宾与演员合影（纪亚福：二排右五）

2011年8月5日至27日，纪亚福收到台湾荣兴客家采茶剧团邀请，赴台做为期22天的暑期特别集训戏曲传统艺术指导教师。此次赴台授课，纪亚福准备了"提线木偶丑表演程式的基本科步""公子丑表演程式基本科步""掌中木偶丑表演程式的基本科步""女丑表演程式基本科步"，并且结合高甲戏《跳加官》、折子戏《相亲》、《班头爷》的表演进行授课。最后还教授了高甲戏《武松杀嫂》。鉴于学员的艺术水平参差不齐，纪亚福就地取材、分组教学，尽量在较短的时间内，让台湾学生汲取更多的高甲戏艺术精髓。学员对高甲戏丑角独特的表演艺术很感兴趣，不畏辛苦地认真学习。汇报演出后，学员们的一席话令纪亚福很是欣慰："这次学习的机会，让我收获不少，心中对您有无限的感激。期待下一次还能向您学到更多的'宝贝'。""这段时间里，看到老师您表演的高甲戏提线木偶程式，觉得很有意思。原来丑角还能这样表演，甚至可以渗透到其他行当的表演程式中。"

2012年4月，台湾传统艺术总处筹备处举办"2012传统表演艺术节"，其中台湾音乐中心以"传统音乐之丑角大师"为主轴规划相关表演节目及讲座活动，为此邀请纪亚福参与艺术节活动，介绍高甲戏丑角艺

▲ 纪亚福一行四人应邀赴台参加"2012传统表演艺术节"之"传统音乐之丑角大师"系列。在"中央大学"、台北艺术大学、台湾传统艺术中心、台湾音乐中心做表演及讲座（供图：纪亚福）

术。2012年4月14日至18日，纪亚福携徒弟陈峥嵘、吴伯祥及剧团当家花旦李莉，一行四人，赴台湾进行文化交流。在台湾的"中央大学"、台北艺术大学、台湾传统艺术中心、台湾音乐中心，以"高甲戏及其傀儡丑表演艺术"为题，以讲座、工作坊和8个高甲经典折子戏及示范演出的形式开展，获得专家及观众的一致好评。

同年8月9日至12日，纪亚福和陈炳聪、林丽雅、骆景忠一行4人应金门文化局邀请，为金门县文化局举办的"高甲戏研习班"30个学员教戏。《金门日报》连续三次报道，台海网、《厦门晚报》、《厦门日报》、厦门卫视也纷纷报道。

2013年，海峡两岸民间艺术节举办了"戏剧工作坊：丑角剧场"。纪亚福作为高甲戏国家级传承人，在现场介绍并示范高甲戏各类丑角程式。参与盛会的还有台湾"第一名丑"、明华园戏剧团的陈胜在先生，台湾野孩子剧团团长姚尚德等各路名丑，在相互观摩中，对谈丑角艺术在剧场的

▲ 两岸名丑参加2013海峡两岸民间艺术节"戏剧工作坊：丑角剧场"

表现力和创造力，寻找传统艺术与现代意识的对接，交流表演经验与创意灵感。

2018年1月24日至31日，厦门市台湾艺术研究院举办了"闽南传统艺术种子培训——高甲戏"冬令营，这是面向台湾青少年，提供台湾青年到大陆学习和实习、展示的重要科研实践。台湾戏曲学院青年剧团的18位00后学生，年龄最小的只有14岁，最大的也就18岁，都是第一次到大陆来。为期一周的培训，厦门的老师们不仅向台湾学生传授了长水袖、团扇、把子等基本功组合，还派出"梅花奖"演员吴晶晶、国家级非物质文化遗产传承人纪亚福、陈炳聪和优秀演员吴伯祥，以"母鸡带小鸡"的方式，传授高甲戏经典剧目《阿搭嫂》的表演。冬令营的时间虽然不长，但是台湾的学生们都收获良多。纪亚福无私地把表演技艺和塑造角色的心得传授给台湾的学生们。第一期高甲戏种子培训最后的成果"三下锅"版《阿搭嫂》于2018年6月以两岸合作的方式在台北城市舞台演出，创下同期票房最佳的纪录，同年应邀参加海峡两岸民间艺术节开幕式演出。2019年5月，又入选中国艺术界最高规格的艺术节盛会"第12届中国艺术节"的演出，让台湾青年剧团学生有机会走上全国最高规格的舞台。2019年5月5日，中国艺术节在上海启动的当天，即两岸合作的闽台戏曲《阿搭嫂》开演的当天，国台办发言人马晓光在新闻发布会上提及：该剧将高甲戏、客家戏和歌仔戏三个戏曲剧种融合在一起，是闽台地方戏曲融合发展的一次有意义的尝试。

在这一年海峡两岸民间艺术节上，偶戏与高甲戏"傀儡丑"的跨界合作，引起两岸艺术界和媒体的高度关注。厦门市金莲陞高甲剧团与弘晏庄木偶皮影戏传习中心合作创作演出跨界实验剧《偶们》。为了支持年轻人的创新尝试，年届古稀的纪亚福参与了演出。在"跨界与创新"学术沙龙上，该剧独特的表演获得了多位专家学者的好评与鼓励。

2021年，晋江市高甲柯派表演艺术中心为参加第28届福建省戏曲会演，排演新戏《许书记借金记》。这是一部带有喜剧色彩的现代戏。剧中大量运用了高甲戏丑角的表演程式。为了提高剧团演员的表演水平，剧团

▲ 2018年，《福建日报》报道"闽南传统艺术种子培训——高甲戏冬令营"

▲ 2018年，纪亚福（右）参演跨界创新实验剧《偶们》，该剧于海峡两岸民间艺术节上演出（拍摄：吴慧颖）

特地邀请纪亚福来团授课并担任顾问，主要传授"傀儡丑"等表演技法。这些科步在剧中群丑的表演中有典型的运用，丰富了舞台表现。

纪亚福在厦门市金莲陞高甲剧团期间，培养了张世泽、周阳杰、陈峥嵘、吴伯祥、王培焕等众多青年演员。这些青年演员在高甲舞台大放光彩，成为剧团的骨干。此外，他还曾多次赴晋江为"高甲戏迷会"的戏迷朋友排戏。2016年至2019年间，纪亚福任教于厦门艺术学校，传授高甲戏表演，为学校排练和指导了多部折子戏。指导剧目《探牢》入围由文化和旅游部举办的第3届全国"梨花杯"青少年戏曲教育教学成果展。他还辅导厦门艺术学校高甲班学生王洛、叶子健折子戏《卢俊义发配》，王洛、朱宝玲《桃花搭渡》，孙皖鑫《探阴山》，叶子健《班头爷》等，参加省市比赛。

2022年，戏曲电影《阿搭嫂》开拍，阿福师再度出马，仍饰演酸腐的肖秀才。不过，"和舞台现场表演相比，电影的艺术展现形式更加'苛刻'——需要演员在一个小小的'取景框'内，将戏曲里的动作、表情等

▲ 2022年，纪亚福参与拍摄戏曲电影《阿搭嫂》

提炼出来，并加以放大，这对演员来说情感的细腻流露尤为关键"⑤。有时候，短短一句台词，都要分成好几个镜头来拍摄，一些小细节更需要多次打磨，对演员而言是不小的压力。年逾七旬的纪亚福不辞辛劳，顶着摄影棚的高温酷暑，依旧用心地演绎，力争每个动作精益求精。在他看来，尽管戏曲电影与舞台表演有不小的差别，但是他希望借由银幕艺术的再现，让古老的高甲戏走向更广阔的舞台。

纪亚福退休之后，热心公益，参加厦门市老战士合唱团的排练演出活动，在该团编创的京歌合唱《梁红玉》作品中担纲重要的"花脸"角色，还参与编排创作，指导舞台表演动作，辅导训练团员们。京歌合唱《梁红玉》足迹遍及俄罗斯索契⑥、莫斯科和我国香港⑦、澳门、北京中央音乐学院⑧、北京国家大剧院等，并且获得了一系列奖项。

演了一辈子的戏，纪亚福希望有更多的年轻人了解和喜欢高甲戏。于是，他和剧团的同仁，到中小学校，到大学，到社区广场去，宣传普及传统艺术。精彩的表演吸引了年轻人的目光，他们蜂拥上前，拿出相机、手机争相拍摄，甚至走上台，笨拙地学两招经典的傀儡丑动作。

每当此时，纪亚福总是有些欣慰地憨憨笑着。年轻演员在戏曲舞台逐步成长，年轻观众的掌声与笑声，不正预示着高甲戏未来的希望吗？

---

⑤叶子申《厦门首部戏曲电影〈阿搭嫂〉开拍 预计6月在厦首映》，《海西晨报》2022年4月7日。
⑥参加第九届世界合唱比赛，荣获民谣组银奖第一名。
⑦参加第16届走进辉煌港澳暨庆祝香港回归祖国20周年演出赛事，京歌合唱《梁红玉》获得金奖。
⑧参加第九届七彩夕阳全国中老年合唱之星邀请赛，京歌合唱《梁红玉》获明星金奖和最佳组织奖。

参考资料

福建省戏曲研究所编:《福建戏曲传统剧目选集》高甲戏第一、二集。

陈枚编著:《高甲戏音乐（单行本）》，中国音协福建分会、福建省戏曲研究所合印，1979。

福建省厦门市文化局编:《厦门市创作剧目选》，鹭江出版社1993年版。

柯子铭主编:《中国戏曲志·福建卷》，文化艺术出版社1993年版。

泉州戏曲研究所编:《高甲戏研讨会论文集》，泉州，1995。

黄少龙著:《泉州傀儡艺术概述》，中国戏剧出版社1996年版。

洪文章、陈树硕编著:《同安文化艺术志》，厦门大学出版社1996年版。

陈雷、刘湘如、林瑞武著:《福建地方戏剧》，福建人民出版社1997年版。

曾永义著:《台湾传统戏曲》，台北东华书局1997年版。

吴迪编著:《名丑生涯——柯贤溪及其表演艺术》，国际文化出版社1998年版。

厦门文化艺术志编纂委员会编:《厦门文化艺术志》，厦门大学出版社1999年版。

林丽红、李国俊著:《台湾高甲戏的发展》，彰化县文化局，2000。

杨天厚、林丽宽著:《金门民间戏曲》，台北稻田出版社2001年版。

台湾传统艺术中心编:《两岸高甲戏论文研讨会论文集》，2001。

陈耕著:《闽台民间戏曲的传承与变迁》，福建人民出版社2003年版。

叶明生著:《福建傀儡戏史论》，中国戏剧出版社2004年版。

　　高树盘收集整理、厦门市台湾艺术研究所编：《高甲戏传统曲牌》，厦门大学出版社 2006 年版。

　　庄长江著：《戏苑尘梦》，香港闽南文化出版社 2016 年版。

　　厦门市台湾艺术研究所编：《厦门高甲戏优秀传统剧目选》，中国戏剧出版社 2009 年版。

　　吴慧颖著：《高甲戏》，鹭江出版社 2013 年版。

　　吴慧颖著：《高甲戏"傀儡丑"技艺的整理与研究》，中国戏剧出版社 2020 年版。

第二辑　舞台风采

舞台剧照

▲ 现代戏《风雨清源山》饰演林天成

▲《新娘之死》（又名《陈总杀媳》）饰演同知县

▲ 1985年，《武则天篡唐》饰演马周

▲1991年，《画龙点睛》饰演马周

▲ 《公子游》饰演沈廷芳

▲《书剑奇冤》饰演高珍

▲《桃花搭渡》纪亚福（左）饰演渡伯

▲ 京歌合唱《梁红玉》饰演金兀术

▲ 2020年，纪亚福（右一）带领大小徒弟参加高甲戏进校园展演

▲《错搭鸳鸯》纪亚福（中）饰演翁大周

▲《凤冠梦》纪亚福（左）饰演李元顺（拍摄：吴慧颖）

▲ 《三打陶三春》饰演郑恩

▲ 《三打陶三春》折子戏《报喜》，纪亚福（右）饰演县官

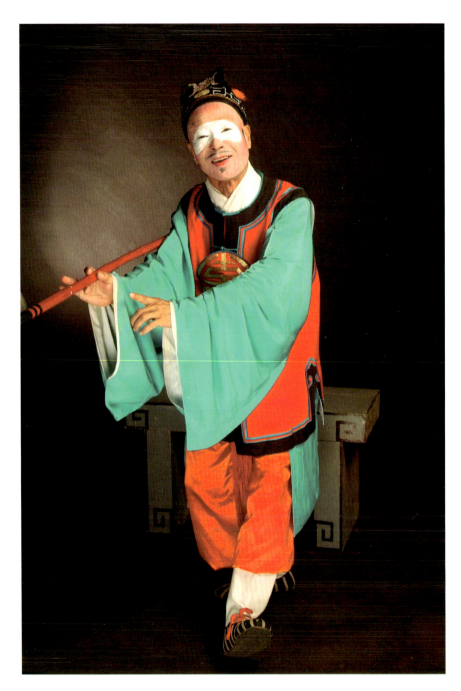

▲《班头爷》饰演班头爷

▲ 《李公报》饰演李公

▲ 《审陈三》饰演陈伯贤

▲ 《五虎平西》饰演狄青

▲《千里驹》饰演徐延昭

▲ 《春草闯堂》饰演李仲钦

▲《益春告御状》饰演徐应镖

▲ 《武则天篡唐》饰演武承嗣

▲ 《阿搭嫂》饰演肖秀才

▲ 戏曲电影《阿搭嫂》剧照，纪亚福（右）饰演肖秀才，吴晶晶饰演阿搭嫂

▲ 《审郭槐》之"探窑"，纪亚福（左）饰演包拯

▲ 《夕照祁山》饰演魏延（拍摄：陈炳聪）

▲ 郑成功扮相

▲ 现代戏《竹杠桥》，纪亚福（右）饰演大炮

▲ 《胡奎卖人头》饰演胡奎

▲ 2008年，参加厦门卫视"欢喜大围炉"（纪亚福：前排左一）

▲ 画《探阴山》脸谱（拍摄：吴慧颖）

▲ 2015年，纪亚福随剧团赴台湾参与《阿搭嫂》巡回演出

纪亚福青春尽献高甲，四十寒暑传承金莲升。

人生至此，尚复何求？

武能元帅秀才文

阿搭嫂中无奈沦

演尽人间落魄事

三分入木高甲魂

台湾高甲戏迷洪条根、张琼华题诗颂之。

二千十五年元月

▲ 台湾高甲戏迷洪条根、张琼华赠题词

▲2022年，参与《出不去的房间》拍摄

▲《出不去的房间》导演刘方祺杀青祝福

第三辑 文章

缅怀高甲戏一代宗师

记厦门金莲陞名丑陈宗塾先生

纪亚福

著名丑艺大师陈宗塾恩师自金莲陞建团后一直担任我团领导。

恩师是高甲艺术家，也是"行当"（即各种角色）的专家，他的舞台动作生动活跃，深厚的功底具有高度的艺术魅力，豪迈平稳的步法和夸张、泼辣、诙谐在舞台上尽显风采，人物性格展现得淋漓尽致、入木三分，其角色技艺在戏台上独具一格。他19岁就被戏班聘教，掌班后在晋江一带演出，深受广大观众喜爱。他于1954年在福建省第一届戏剧观摩会上荣获一等奖，同年获华东地区戏剧会演二等奖；是中国剧协委员，福建省剧协理事，厦门市人大代表、政协委员，是市高甲戏创始人之一。

"嘉礼丑[①]"为恩师所创。该角色以人体现木偶动作形式，赢来了观众的喝彩，早在八十年前就风靡海内外，人送恩师外号"斜嘴塾"。1956年，在省戏剧文艺联欢会上，他与蔡文坛先生配合出演，《伍通报》由蔡先生"提线"站于桌上，他在台上表演，一"提"一动，一"拉"一立，头顶一句话，底下一个动作，上面边唱边"提"，下面就手舞足蹈"乱"摇摆，不时引起哄堂大笑，滑稽的动作匠心独运。他的大花、二花、三花、老生角色也别有一番情趣，多样化的艺术风格受到演艺界青睐。

他的高甲丑佳处体现在《公子游》中的公子（该剧1988年由央视"春节联欢晚会"拍录播出）、《粉妆楼》中的沈廷芳、《天豹图》中的花了能，既有"提线"的技巧，又不脱离传统高甲戏的艺术特征。闽南俗语"公子伏鸡"（即好色公子的技艺），是他的一绝。高甲丑的创造、发展与他是分不开的。

---

① "嘉礼丑"又称"傀儡丑"、提线木偶丑、提线傀儡丑。

20世纪50年代中后期上海唱片公司为他录制留声机盘片，由厦门广播电台、厦门有线广播对外播放交流，有《扫秦》《桃花搭渡》《满江红》《屈原》《海螺》，扬名海外；20世纪80年代末，市电视台录制的《春草闯堂》《陈三五娘》《审陈三》《益春告御状》等剧目都是由他指导排练的。在著名的高甲戏演员中，恩师的艺术角色算是较全面的，他在演"丑""老生""花面"的过程中运用"嘉礼"手法表演，使观众耳目一新。

恩师热爱艺术、尊重艺术，蔡文坛先生是"嘉礼"的著名大师，为学提线木偶艺术，他拜与他仅一岁之差的蔡先生为师，他的表演从造型、化妆、人物性格的刻画，到曲牌、锣鼓点，全方位记在心里。记得抗战时期在"家村"授艺的恩师听到枪声顾不上家人，抱起年幼的弟子柯国为跑往山间避敌，他的爱生精神在我辈中传为佳话，在柯国为之后，我有幸成为他众弟子中的一位。

为戏剧事业做的最大贡献，是他将高甲戏、木偶戏艺术融为一体，在风格上、视觉上又开辟了一条新的路径，别树一宗。

▲ 纪亚福于2007年在《金门日报》上刊登纪念恩师文章

原载于《金门日报》，2007年5月30日第6版

我很丑，但我很温柔

老黄门角色创作心得

纪亚福

　　老黄门是个小配角，剧本中并没有大唱段，导演也不可能给他更多空间。主人的安排，老黄门就得做，但他还有另一重身份，就是要站在作者的角度，给观众讲戏的前因后果、剧情的转折起因。

　　导演要求我用"提线木偶丑"行当来表演，这也是我们高甲的"流派"特点。演员要展现出"提"字，就是要表现木偶身上三十六块木头机灵运动（民间对木偶的说法）。演员怎样学木偶，如何来体现人物角色，就在以"提"为主，头、手、脚、身段和手指，加演员塑造，就活灵活现表现出老黄门在《上官婉儿》一剧中的人物形象。

　　一场，老黄门出现是来报信，我的表演是在腿步细、身段提、手臂吊、手指动、头晃动出场，让观众看出提线木偶基本形体演变在人物角色

▲ 在《上官婉儿》中饰演老黄门

中。这种表演体系贯穿在全剧老黄门身上。

三场"送花"一节，更是用提线木偶动作编排小舞蹈，用演员来体现，让它轻松、优美、滑稽、整齐，给观众耳目一新美的享受。

四场，老黄门出场给观众交代上官婉儿"青春年华"被耽误。我进一步用木偶的脚步，身体摆动，手臂吊，手脚同动，即上即跪的夸张和跳跃来展演四句曲子。

六场，老黄门带任务和报私信上场，展现老黄门的正直性格，这种表演要在木偶的基本体系上超出木偶，要更有个性和人情味，让他更和蔼可亲。

八场，老黄门的讲戏和宗旨更是将整套提线傀儡丑表演重新展现给观众，让观众更有一种回味，感受傀儡戏演人物，它的艺术是更夸张的，而艺术家把傀儡动作展演在戏剧舞台上的联想，在人物角色塑造上也同样是夸张，幽默，可爱，美不胜收的。

我一定要在导演的指导下，努力把"老黄门"这个角色演得更上一层楼。

原载于《福建省第22届戏剧会演专刊》

将布袋丑的表演元素化入人物的行为中

纪亚福

　　我所塑造的肖秀才，是一个典型中国落魄文人，他对中国古训很熟悉，洞悉为人之道，但行为举止上，却又是一个大事不成、自以为是"指寸以测渊"，身上处处散发酸腐的无能秀才。他这种人不会伤害别人，但容易受到别人的伤害。由于腹中有点笔墨，便也觉得可以看破世事，干不了大事，却成天恨世风日下。在落魄和日渐萎缩中，也就成了一个"受了卖糖公公骗，至今不信口甜人"的人。他对什么都看不惯，连小孩子也敢欺负他，于是日渐对什么事都持怀疑的态度。当受到别人帮助的时候，他无论如何也不会相信，社会上还真有这样的事情。这个人物很真实，真实在于取材于普遍的社会现象。

▲ 电影《阿搭嫂》肖秀才剧照

　　我很喜欢这个角色，这是我从艺30多年来还没有遇到过的新角色，是机遇，同时也给自己出了一个难题：新的角色，又接近于现代的"时装戏"，用什么表演方式和手段来体现？

　　寻找角色的感觉是一个痛苦的过程，排练过程中我曾经一度茫然，除了认真研读剧本，体会落魄秀才的感觉之外，还需要找寻到高甲戏的表演特点，用准确的肢体语言来传情达意。尤其导演要求该剧的每个角色，都要找到高甲戏不同丑角的表演元素，以达到轻喜剧的效果，同时凸显高甲戏的剧种特点。

▲ 《阿搭嫂》剧照

　　经过一段时间的琢磨，我要求自己摒弃以往演行当的定式，从人物出发，提取高甲戏布袋丑的元素，将僵臂、斜视、梗脖、双臂夹腹，双脚又不时快速点地，转身快节奏、重身倾斜等布袋丑的动作特点，化入秀才的行为动作中。在思考角色中，我特别想起了我的师傅林赐福先生，他在传统戏《粉妆楼》中扮演的郎中张勇仙，将老秀才的点点滴滴，刻画得丝丝入扣，其表演给了我很多启发。

原载于《福建省第23届戏剧会演专刊》

第四辑　社会评价

纪亚福——寂寞的名丑

叶之桦

　　那是一次邂逅。厦门市金莲陞高甲剧团的老演员、高甲名丑纪亚福，正漫步在车水马龙、高楼林立的厦门街头，一位素昧平生的年轻人突然走了过来，趋前拉住他的手，说："您是高甲团的吧？就是演老秀才的那位演员吗？"秀才是《阿搭嫂》中扮演的角色。纪亚福很惊讶，乍遇追星的热情，还有些不适应，总觉得明星离地方戏有点远，他已经习惯了被遗忘。可是他又很高兴，因为这说明他扮演的角色得到了观众的认可，而且还是个年轻人，厦门都市里的年轻人！

　　纪亚福师承林赐福、陈宗塾等著名艺师，在舞台上扮演了许许多多光彩照人的角色，是高甲戏表演艺术的传承人。他曾获得了福建省劳动模范称号，被厦门市文化局评为"德艺双馨"艺术工作者，拿过全国和省级戏剧会演的许多奖项。但是，这一切似乎都不如这一刹那那个年轻人给予他的感动。

▲ 被评为福建省劳动模范

▲ 2000—2003年"德艺双馨"艺术工作者证书

厦门市金莲陞高甲剧团是闽南的老戏班子了。据说新中国成立前戏班竞争激烈，其中有五大出名的高甲戏班，号称五虎，而金莲陞被称为龙班，民间有"一龙破五虎"之说，剧团的实力可见一斑。直到如今，金莲陞仍活跃于晋江一带，每年演出都在200场以上。只是乡下庙会的热闹欢腾，并不能掩盖地方戏在都市生存的窘境。当然，原因是多方面的。为了赢得都市观众，剧团和演员付出了艰辛的努力，为了赢得年轻人的喜欢，这一两年他们还进入了厦门市的中小学示范演出。

纪亚福演了一辈子戏，最风光的事情当数这几件了。

1999年，厦门市金莲陞高甲剧团为参加福建省第21届戏曲会演，根据杨八姐智取金刀的故事，改编创作了《金刀会》。这是近年来该团第一个创作剧目。这出戏改变了佘太君的传统形象，她不再执着于复仇，战争的残酷让她产生了化干戈为玉帛的想法。纪亚福在这台戏中的戏份很少，他扮演的杨继业一开场就撞碑身亡，在台上仅仅几分钟、几句台词。但他为了这几分钟，付出了艰辛的努力。他反复研读了整部剧本，把新剧本和老戏不断比较，还将自己珍藏的《杨家将》小人书拿出来，提供给主创人员参考借鉴。那段时间，他脑子里不断琢磨杨继业这个人物，收集杨家将的相关资料，留意揣摩其他剧种中的表演。序幕那一场是金沙滩之战，他说起这场战事的来龙去脉，头头是道。《金刀会》首演时，大幕拉开，他扮演的杨令公威风凛凛、光彩照人，给人留下了深刻的印象。宏大的战争场面，雕塑般的英雄造型，让人久久难忘，演出大获成功。该剧参加福建省第21届戏剧会演获得一等奖，纪亚福的表演获得好评。

▲ 1999年，获福建省第21届戏剧会演荣誉导演奖

该剧当年就被文化部选调北京，参加中华人民共和国成立50周年优秀剧目展演。虽然北京观众对这个剧种十分陌生，听不懂方言，只能看字幕，但是剧团的那份兴奋感、幸福感、自豪感至今令人记忆犹新，津津乐道。这是纪亚福第三次进北京，

▲《金刀会》饰杨继业（拍摄：黄永碟）

第二次去天安门拍照了。第一次是"文革"时期，第二次是1993年的央视春节联欢晚会，六大剧种名丑闹春，他就代表了高甲名丑，亮相北京。

三年后，2002年福建省第22届戏曲会演，厦门市金莲陞高甲剧团上演了著名编剧郑怀兴的新编历史剧《上官婉儿》，纪亚福出演老黄门。这是个没几句台词的配角、龙套班头，可是纪亚福很高兴，因为这次的行当是他最拿手的丑角。为了丰富高甲戏丑角艺术，他虽然是老演员了，却一再要求出去学习，他特别想去观摩川剧的丑，借鉴其他剧种的表演艺术。这次他要将高甲丑传统的表演程式融入戏中。剧中有一段龙套，是老黄门奉太子之令送花给上官婉儿。这本是简单的过场戏，可是在纪亚福的精心编排下，结合高甲丑的表演，变得妙趣横生，为《上官婉儿》这部较显沉重的悲剧，增添了一抹喜剧的色彩。后来，《送花》一场成为戏曲晚会常演的折子。2003年，该剧入选在西安举办的第8届中国戏剧节，纪亚福表演出色，荣获了戏剧节的表演奖。

从此以后，纪亚福一直有个心愿，希望能在新编剧目中创造角色。他开始主动寻找剧本。曾经中戏的导演推荐了昆曲《风筝误》，他琢磨了很久，后来，他又看中了年轻编剧李建忠的《豆棚古话》……他一直想找一个适合高甲戏表演特点的剧本。后来，厦门编剧曾学文的《阿搭嫂》的出现，让他欣喜不已。为了让高甲剧团得到这个剧本，他拐弯抹角，做了很多工作。这部表现民国初年人生百态的戏，风俗画一般的场景，喜剧的风格，特别有利于发挥高甲戏丑角表演出众的特长。全团积极参与新剧的创作排演，高甲退休的老演员们都跑到排练场来了，热心地从语言、唱腔、动作等各个方面献计献策，要把高甲戏丰富多彩的丑角艺术都展现出来。高甲戏丑角的表演经过长期的发展，已有女丑、公子丑、衙役丑、破衫丑等多个行当，形成了不少富有表现力的程式动作。纪亚福在新编现代高甲戏《阿搭嫂》剧中扮演的肖秀才也是丑角行当，以布袋丑为基调，融入了其他行当的表演。人物是由清代入民国的落魄书生，这个迂腐的老秀才与开放洋气的厦门城格格不入，形成了许多喜剧冲突。在表演上，这个秀才与传统戏的秀才是很不一样的，纪亚福遇上了从艺40多年未曾演过的新形象。为了琢磨角色，这个很少看小说的老戏迷，居然读起了鲁迅的《孔乙己》。他虽然戏路宽，各种生的行当都拿得起，但这个"老秀才"对他可真是个挑战。何况演对手戏的主角是刚刚获得"梅花奖"的当家花旦吴晶晶。偏偏老演员又遇上了年轻导演——刚从中戏研究生班毕业的年轻话剧导演陈大联。陈导在福建省的戏剧圈里被认为是"太先锋"了。先锋新锐导演遇上了老戏班子，这一组合相当需要一番磨合。作为剧团中年纪最大的演员，纪亚福每次都仔仔细细、战战兢兢地听取剧组的评论会，特别是年轻导演含蓄却尖锐的批评意见。日里夜里，他脑子里都是"老秀才"，翻来覆去地琢磨。从排练场回到家中，连比带画，求教在厦门艺术圈里颇有名气的夫人，这个角色该怎么演，那些动作该怎么设计才好。最后，干脆把夫人拉到了排练场，作为现场指导，他夫人还担负了搜罗场下各色人等议论的任务，专门挑毛病。新的艺术形象终于在不断的琢磨中诞生了，表演得到专家、同行及观众的一致称赞。

▲ 《阿搭嫂》纪亚福（左）与吴晶晶

　　从艺49年，纪亚福几乎没有请过一天假，除了一次因为胃出血才休息了几天。每次演出装台卸台，他都带头去扛道具，完全没有一个名角的架子。折子戏《班头爷》是纪亚福传承自林赐福的经典作品，也是布袋丑的代表剧目。《班头爷》是纪亚福的代表作。那个幽默、善良、嬉笑、逗乐的狱卒"班头爷"几乎是纪亚福在台上的典型形象了，两撇小胡子，露着满口白牙的笑是那么开心，可是生活中的纪亚福却少言寡语、朴实淳厚。他浓眉大眼，宽肩长腿，一脸络腮胡子，年轻时是很帅的，其实他最适合的扮相是"硬派小生"或者武将忠臣什么的，命运真奇怪，舞台上他最出色的形象，却是一个落魄老秀才！

▲ 纪亚福《班头爷》剧照

纪亚福是个"戏斗笼"，几乎什么角色都能演，可是每次演到丑角，他都很高兴，虽然丑角往往不是主角，演丑角的机会也不多，但是舞台上的笑面人生是他心心念之，也是他欢乐和感动的来源。每次他跟别人说起那天有个年轻的戏迷在街头拦住他的时候，眼睛里总涌动着深深的感动。

然而，地方戏在厦门这座现代都市里，依旧显得十分寂寥。"文革"十年，厦门高甲剧团散了，许多老戏失传了，其中包括不少精彩的丑角戏；随着老艺人陆续逝去，高甲戏名丑如今寥寥无几；观众也少了，尤其是在都市剧场。更让人忧心的是，戏校的学生少了，好几年才招一个高甲班，好不容易发现一个好苗子，简直如获至宝。闽南乡村庙台，高甲锣鼓依旧喧天，但是大家都有一种危机感和隐隐的忧虑。时代在迅速地改变，也许戏剧舞台的风华转瞬即逝。

看着他的徒弟在舞台上扮演着"班头爷"，我们有一个心愿，但愿高甲丑的艺术不会随风而逝。

原载于《高甲薪传》 2010年

纪亚福与高甲戏"傀儡丑"的发展创新

吴慧颖

2010年金秋，第7届海峡两岸民间艺术节上，伴随节奏鲜明的锣鼓点，高甲戏《跳加官》喜庆上演。只见天官面具显憨态，红袍白袖送祥瑞，夸张变形的傀儡化身段，倍添滑稽热烈，不时一个妩媚的"相公爷摩"，转身又是一番精彩。舞台上铿锵锣鼓正酣，台湾"薪传奖"得主、著名歌仔戏艺师廖琼枝女士，欣然走上台来，从天官的饰演者纪亚福手中接过了写着"吉祥如意"的加官条幅，两岸戏曲艺师相敬相惜，共同传承传统艺术，台下闽台学者嘉宾、戏迷观众顿时掌声雷动。

▲ 跳加官表演

中国戏曲具有独特的表演体系和审美思维，在过去曾有着"以演员为中心"的表演特质。"即使近代以来'总体剧场'的戏剧观逐渐成形，然而在导演的总体思维与剧作的文本蓝图上，仍是要以'展示演员的表演艺术'为依归。"[1] 在此次以"共生共荣两岸艺术，承前启后共话未来"为活动主题的艺术节期间，国家非物质文化遗产项目高甲戏代表性传承人纪亚福个人专

场演出隆重登场，这是厦门市首次为非物质文化遗产代表性传承人举办的专场演出。同时出版了《高甲薪传——纪亚福》纪念专刊。为弘扬传统艺术，探讨高甲戏精湛的表演艺术，艺术节邀集海峡两岸专家学者共同研析高甲戏傀儡丑的传承与创新。

---

[1] 蔡欣欣《戏以人传——台湾对传统戏曲艺师的技艺传承与纪录保存》，《文化遗产》，2010年第1期。

　　高甲戏"傀儡丑"包括提线傀儡丑和掌中傀儡丑，是戏剧表演中模仿傀儡的典型代表。② 这种特殊的表演形态是两种不同表演传统"跨界"碰撞与交融的创造。高甲戏艺人从丰富的地域文化中汲取营养，主动借鉴和吸收了木偶戏的表演，融会创新。这种模仿不是零星、偶然的，而是与丑角表演的美学特征紧密相连，逐步创造出成套表演程式，并且形成了特色行当"傀儡丑"。在长期的发展过程中，涌现出不少著名的"傀儡丑"艺师，如厦门市金莲陞高甲剧团的陈宗塾和林赐福，泉州市高甲戏剧团的施纯送等。在全国颇有影响的高甲戏《凤冠梦》《玉珠串》《上官婉儿》《阿搭嫂》等剧目中，傀儡丑的表演为其增色不少。

　　戏以人传。纪亚福，国家一级演员，2008年2月，被文化部命名为国家级非物质文化遗产项目高甲戏代表性传承人。他1961年学艺，从事高甲戏舞台表演50年，全身心投入高甲戏艺术，塑造出一系列栩栩如生的人物形象。代表作品有《班头爷》《桃花搭渡》《跳加官》等，在《上官婉儿》《阿搭嫂》等剧中的表演深受好评，屡次在全国和省市获奖。他师承闽南高甲名丑陈宗塾、林赐福等老师，是著名的高甲戏"傀儡丑"艺师。纪亚福准确而熟练地掌握了提线傀儡丑与掌中傀儡丑的表演特色，在继承的基础上，又有自我的体现和独到的表现，具有较高的艺术造诣。特别在近二三十年，他的演出实践与角色塑造经历，成为高甲戏"傀儡丑"技艺发展创新的重要内容。

▲《班头爷》剧照　　　　▲《桃花搭渡》渡伯剧照　　　▲《跳加官》表演

②戏剧表演中对傀儡的模仿是一种有趣而独特的表演形态。一些戏曲剧种如高甲戏、梨园戏、莆仙戏、川剧、京剧等都存在若干模仿傀儡的表演。国外的戏剧舞台也有类似情形，如日本的歌舞伎。在一些后现代戏剧中，模仿傀儡的表演成为拓展舞台表现形式的另类途径。

一、传统"傀儡丑"折子戏的继承与丰富

据说，陈宗塾师父在新中国成立之前的演出中就曾经模仿过木偶动作，但开始规范地整套模仿傀儡表演，则是在20世纪50年代与乐师蔡文坛合作之后。目前有剧目可查的"傀儡丑"表演是20世纪50年代蔡文坛和陈宗塾合作演出的《伍通报》，其间陈宗塾的表演模仿提线木偶，引起福建艺术界的极大关注。1961年，在厦门举办高甲戏丑角大会串，五县市高甲戏名丑们都展示了拿手好戏，当时的报刊还专门提及陈宗塾的提线傀儡丑独树一帜。此后陈宗塾又创作出《李公报》《公子游》等提线傀儡丑的折子戏。而厦门市金莲陞剧团中的另一位著名艺师林赐福另辟蹊径，模仿掌中木偶，并且在《班头爷》中有精彩的演绎。此外，泉州的另一位著名丑角艺师施纯送，在20世纪80年代的新编高甲戏《真假王岫》中，模仿提线木偶的表演，演绎了一段精彩的《王海行》，而且形成了与陈宗塾不同的表演风格。这三位表演大师的创新，塑造了高甲戏"傀儡丑"众多独特的人物形象。

《伍通报》《李公报》《班头爷》《公子游》等一系列折子戏，是高甲戏"傀儡丑"的经典作品，也是陈宗塾与林赐福两位老师父勇于创新的成果。在师傅们的严格训练下，纪亚福全面继承了这些绝活。他勤学苦练，力争使表演日臻纯熟。纪亚福在长期的表演中，完整继承了师傅们的技艺，并将傀儡丑技艺灵活运用到更多剧目新角色的塑造中，丰富了表演艺术，而且细节的处理日益细腻，舞台调度更为流畅，他还将这些傀儡丑技艺悉心传授给弟子们。比如，近几年他与导演洪东溪一起为徒弟陈峥嵘重新整理排演《伍通报》，完整地继承了师父陈宗塾提线傀儡丑的表演程式。这个折子戏经过多年的打磨，相当成熟精彩，尤其将提线傀儡丑的身法与"趟马"程式相结合，并借鉴舞蹈动作，几个大跳的处理，令人拍手叫好。在为弟子吴伯祥编排的《探马报》中，纪亚福也将掌中傀儡丑的程式表演与"趟马"的程式相融合。高甲戏经典折子戏《班头爷》既有老师父林赐福多年的积累和创造，也历经了几代演员的不断演绎和丰富。在

▲ 《凤冠梦》饰演李元顺　　▲ 《天鹅宴》纪亚福（左三）饰演鄢道九

《凤冠梦》《天鹅宴》等新剧目中，纪亚福则将师父传授的"傀儡丑"身法运用到新角色的表现上。在新编排的折子戏《卢俊义·到此处》中，纪亚福沿袭陈宗塾与林赐福合作演出《公子游》的思路，一个模仿提线木偶的动作，一个模仿掌中木偶的动作，让彼此相映成趣。

二、仪式与狂欢

从20世纪80年代开始，纪亚福在承继师父的高甲丑技艺的基础上，逐步开始摸索高甲丑的创新与发展。《跳加官》是纪亚福在陈宗塾师父指导下探索改造的成果。《跳加官》对"傀儡丑"的几个突破：一是在于仪式感的强调，这也呼应了傀儡历来在宗教意义上的存在；二是模仿木偶所带来的滑稽感，增加了喜庆色彩，将"傀儡丑"的表演与丑角美学更紧密地结合；三是将"傀儡丑"的动作运用于穿蟒袍的大人物，不同于以往多用于管家、家仆、衙役等小人物，扩展了人物类型。

　　传统戏曲开场或喜庆节日宴会时，通常先有一人戴假面具，身穿红袍，手里拿着"天官赐福"等字样的布幅逐次向台下展示，表示庆贺，祝福吉祥。这称作"跳加官"，也写作"跳加冠"，是扮仙戏的一种。其由来有很多传说，一般认为所扮演的是唐代名相狄仁杰。据金莲陞高甲剧团的老师傅所言，在武则天的一次寿宴上，狄仁杰有紧急本章要上奏，却又恐扫武氏雅兴，就将奏文写在笏板上，头戴面具，以祝寿为名起舞，将奏文呈递给武则天。1949年后，《跳加官》一度被视为封建迷信而废止。"文革"后，随着人们观念的解放，吉祥喜庆的《跳加官》又引起了人们的兴趣。

　　20世纪80年代，纪亚福参加厦华杯戏曲表演比赛，其间组委会提议加演一个《跳加官》。这样的场合，如果用传统的《跳加官》似乎与气氛不搭，于是他就请教师父。陈宗塾师父启发说，《跳加官》有好几种，有夫人旦、县官、天官等。原来的《跳加官》气氛比较严肃。纪亚福考虑要怎么改变一下，增加表演的可看性。因此，纪亚福就扮一个县官，穿戴小的冠和官服，在表演上用了一些傀儡的动作，按照原来的行走路线，走两个角落，将加官条拿出来表演一下。他自己觉得，这样的改变已经很出格了。可是师父启发说，跳加官是热闹、喜庆，主人家是要高兴的，表演应该张扬一些，不要保守自赏，动作可以更丰富一些，要让观众高兴。

　　纪亚福逐步改进丰富，最后形成了一套高甲戏特有的科步表演。舞者以老生应工，头戴相貌，身穿红蟒，脸罩天官面具，手持玉如意，随着【四击头】介，前行而至九龙口做科；而后，走到舞台的四个角落，分别手拂玉如意、揯水袖，表示"一扫黎民灾苦""二扫奸邪作祟""三扫妖魔鬼怪"，中间以"相公爷摩"的高甲戏科步做科过渡。然后又至前台中央做"提玉带""涮腰"等科，左手执玉如意示为"当"，右手执玉如意示为"朝"，双手执玉如意示为"一"，双手握玉带示为"品"，示为"当朝一品"，展现"荣耀加身""威风八面"之意，表演风格威严稳健。再有一科，转身至事先舞台上摆好的桌上，取写有"加官晋禄"的条幅，再分别在舞台四角做科，以示"天官赐福""福禄双全""官运亨通"之意。最后飘然而下。整段表演以【慢加官】【三不和】为主的锣鼓点贯穿。③ 纪亚福对《跳加官》的舞蹈形式做了新的舞台诠释。舞者动作全部模仿提线木偶的表演，表演身段富有雕塑感，夸张而不失稳重的表演风格，增强了《跳加官》庄重的仪式感。也因此，傀儡化的《跳加官》在民俗活动中被视为大礼，深受观众们的喜爱。

三、提炼与综合

在同一个人物身上，综合运用提线傀儡丑和掌中傀儡丑的技法来进行刻画，这是纪亚福的新探索。

过去高甲丑行表演，一般塑造一个人物，只用一种表演方式，如"掌中傀儡丑"就是模仿掌中木偶动作，"提线傀儡丑"就是模仿提线木偶动作。过去陈宗熟与林赐福曾经合作表演过折子戏《公子游》，其中一个用提线傀儡丑来演公子，另一个用掌中傀儡丑演家丁，两类傀儡丑同台呈现，妙趣横生。但是在《凤冠梦》中，纪亚福进行了新的尝试。处理的方法是将两类"傀儡丑"的动作进行一番分解梳理，尝试进行提炼归纳，选取其中的若干表演程式，根据不同"傀儡丑"的形态特点，结合具体人物的情绪特征，使之成为各种情绪性程式，综合运用于同一个人物的塑造中。

他认为，掌中傀儡丑与提线傀儡丑的表演具有不同的韵味。提线木偶的丝线将偶人上提"形态"，模仿其样貌，正好可以表现出人物"趾高气扬"的神态；木偶悬空、缺乏支点的自然摇摆，用来表现人物的"扬扬得意"，比任何一个动作都恰到好处。提线木偶的肢体关节松动，因此提线傀儡丑表演时体态摇动轻盈，神韵轻松活泼，适合表现人物心里得意轻松的一面，而掌中木偶双手垂直夹腹的习惯动作，模仿运用于剧中，则可以表现人物畏缩、阴暗的一面。

高甲喜剧《凤冠梦》中的李元顺是一个典型的见风使舵、一心往上爬的官场势利人物，纪亚福灵活地把傀儡丑表演方法融合到"官服丑"的表

---

③参见陈炳聪、吴伯祥《说说高甲戏的"跳加官"》，《福建艺术》2007年理论专辑，第41页。

演中，糅合运用"掌中傀儡丑"与"提线傀儡丑"的技法，更准确地表现人物的喜、怒、哀、乐，使人物形象更加丰满生动。例如，在高甲喜剧《凤冠梦》中，官服丑李元顺升官得意，一家人得意忘形，采用了提线傀儡丑的表演，以摇头晃脑、关节松动、跳跃的形体表现。特别是当刑部给事张一同前来说媒，与李元顺的程式化见面，两个人物分别应用了提线傀儡丑和掌中傀儡丑的表演，并以傀儡的道白特点，一高一低、一厚一细、忽快忽慢、时而急促时而拖拉，极富动感，使人物栩栩如生，尽显傀儡神韵，体现人物喜悦心情，把

▲ 《凤冠梦》剧照

剧情带到一个小高潮，为下面的剧情发展做铺垫。当李元顺得知自己的靠山倒台时，采用了掌中傀儡丑的表演。紧张、僵硬的肢体表演，紧张、惊恐的神情，机械压抑又机警的木偶神韵，表达人物对官场变化的警觉、惊恐的反应特点。[④]其中在《惊变》一折中，纪亚福根据戏剧的情境和人物的性格情绪，创造出一组新的提线傀儡丑程式动作。表演者先是左顾右盼，微蹲，身体往上提，双手手掌合至头顶，双手抓袖，迅即向外手腕翻转，然后脚下蹲，手伸开呈"双开上下手"状，如此一来，就把服装背部往上提到后脑，弯腰屈膝，官袍上提露出了小腿和官靴，双臂夹紧，神情惊恐落寞，塑造出一副丧家犬的形象。[⑤]

④纪亚福《高甲丑角创造中的"形神"感悟》，《艺苑》，2007年理论专辑。
⑤这种程式创造，以朱文相先生的《创造戏曲身段的六种方法》而言，属于"状情"，它类似于芭蕾舞剧那种情绪的舞蹈，不表现生活动作，而是把人物的心理状态外化为一组精心设计的优美的舞蹈语汇。它也好像电影的特写镜头，把人物刹那间的情绪变化，在时间上以放慢延长来强调，在空间上以放大夸张来渲染，从而不受特定时间、空间的限制，获得充分"状情"的自由。参见朱文相《戏曲表导演论集》，中华书局2008年版，第309页。

四、现代剧场中的角色塑造

现代剧场的观念来自西方，与传统剧场的差异，突出表现在各种剧场技术的提升与专业化分工协作。现代剧场具有细密的分工，无论剧本的撰写、表导演手法、舞台美术设计、音乐的谱写等，现代剧场都更强调专业化的处理与统一和谐的整体呈现。因此，从外在的剧场形式，到内在的思想内涵，现代剧场都展现出不同于传统庙会野台的表演风貌。

传统戏曲进入现代剧场，有助于地方戏曲开启新的舞台生命。但如何以现代化的艺术创作理念，合理运用各种剧场技术，创造艺术精品，是重大的挑战，尤其对于戏曲演员来说，必须处理好个人表演技艺展示与剧目整体风格呈现之间的微妙关系，灵活运用传统表演技法，生发古典戏曲美学，融汇现代神韵，立足塑造角色，展现表演风格。

在现代剧场中，与编剧、导演、舞美、灯光等技术部门相互协作，灵活运用"傀儡丑"表演技艺，进行角色塑造，纪亚福在新编高甲戏《阿搭嫂》中有出色的表现，在成功塑造人物形象肖秀才的同时，也展示了高甲戏"傀儡丑"丰富的表演语汇、浓郁而独特的表演风格及强烈的艺术感染力。

▲《阿搭嫂》剧照

2008年，厦门市金莲陞高甲剧团排演剧作家曾学文的新编剧目《阿搭嫂》，参加福建省第23届戏剧会演。故事发生在民国初年新旧杂糅的厦门城，古道热肠的乡下阿婆进城，援手救人，却阴差阳错卷进了一桩绑童案。满台皆丑的喜剧描绘出近代中国喧闹市井的道德风俗长卷，也让观众在狂欢的愉悦中重新审视我们身处世态的荒诞和人的异化。

舞台设计采取了类似提线木偶天桥式舞台的两层结构，加上几块可移动拼贴的木板，时而构成骑楼老街，时而家宅，时而监狱，时而小庙，当所有的木板拼贴在一起，就构成一堵墙。这个抽象的多义性结构淡化了场景的写实，富于象征。墙的意象和木偶的意象反复出现，甚至剧中还出现了人偶同台。这些处理表现了剧作所反映的人与人之间缺乏交流与真情，彼此的戒备犹如一堵厚重的墙，隔阂了人伦与温情；都市里的各色人等全都呈现出某种病态和生命力的缺失，仿佛是被欲望和私利操纵着的傀儡。

纪亚福扮演的肖秀才，是一个孔乙己式的落魄文人，他饱读经书，熟悉古训，但行为举止，却又是一个大事不成、自以为是，身上处处散发酸腐的无能秀才。纪亚福很喜欢这个角色，这是他从艺40多年来还没有遇到过的新形象，而且剧作风格、戏剧的情境和人物性格也非常适宜采用"傀儡丑"的表演技法。新的角色，又接近于现代的"时装戏"，与传统戏的表演有很大的区别，是机遇，也是挑战，需要找寻到高甲戏的表演特点，用准确的肢体语言和程式动作来传情达意。为此，纪亚福认真研读剧本，经历了痛苦的寻找角色的过程。为了琢磨人物，他特地找来鲁迅的小说，体会落魄秀才的感觉；与导演反复切磋探讨，一遍又一遍地尝试摸索；听取众人的评论，不断修改。

在思考角色时，纪亚福想起了师傅林赐福先生在传统戏《粉妆楼》中扮演的郎中张勇仙，他灵活运用高甲戏程式，展现细节刻画，将老秀才的点点滴滴，表现得丝丝入扣。师傅的表演给了纪亚福很多启发。颇为先锋前卫的导演陈大联为剧组做了深刻的阐述，从人物形象定位上给了他不少建议。每次排练、演出后，纪亚福都不断地思索与总结，希望能准确地把握住这样一个特定的人物形象与性格。经过一段时间的琢磨，他决定摒弃以往单纯演行当的定式，从人物出发，提取高甲戏掌中傀儡丑的元素，将僵臂、斜视、梗脖、双臂夹腹，双脚不时快速点地，转身快节奏、重身倾斜等掌中傀儡丑的动作特点，化入秀才的行为动作中。[6]这些动作特点很好地表现出人物迂腐、与世界格格不入的性格特征，机械僵直的动作在特定情境中，展现出滑稽的丑角美学特征，塑造出一个独特而崭新的人物形象，具有强烈的喜剧效果，体现了高甲戏的表演魅力。在具体的情境中，纪亚福又糅合了提线傀儡丑的表演，为这个孔乙己式的落魄文人设计了一段载歌载舞的提线傀儡丑身段表演，以表现"读书人被白丁弄傀儡"。例如在第二折，阿搭嫂支使肖秀才背少爷，舞台上呈现了一段别致的提线傀儡丑舞蹈，全部用虚拟的动作来表现背童和受操弄。阿搭嫂捻指绕线，仿若牵丝；肖秀才受其牵引，双臂关节屈曲呈"巾"字，臂若悬吊，头摆左右，提足僵直，进退如滑。一旁的少爷举着秀才"代书"的旗幡，伴随着轻快的音乐，脚步整齐地和两人一同起落进退。这些"傀儡丑"的精彩表演与整场演出中穿插出现的真实的提线木偶相互呼应，夸张变形的肢体表演语汇让漫画式的人物刻画有迹可循，来自民间的嘲讽恣肆飞扬，共同揭示主题。2006年，纪亚福凭借新编高甲戏《阿搭嫂》中饰演肖秀才的精彩表演，获得福建省第23届戏剧会演优秀演员奖。

从高甲戏艺师纪亚福数十年来的表演和艺术探索经历来看，高甲戏"傀儡丑"的表演程式在几代艺师的努力下，已日渐丰富，不再局限于对个别偶戏动作的简单模仿，还从偶戏表演的形态特征中去总结韵味、神态，挖掘创造新的程式，而且尝试结合戏剧情境和人物性格塑造，更好地发挥"傀儡丑"的美学风格。正如美学家王朝闻所说："高甲戏表演模仿傀儡戏动作，使傀儡戏的某些弱点转化为戏曲的特殊优点，就构成了这一剧种的独特的艺术魅力。"[7]傀儡丑的要义就在于这种独特的转化。

对于"傀儡丑"的传承，仅有单纯的动作模仿是远远不够的。要演出"傀儡丑"的神韵，不仅需要下苦功，更需要开动脑筋认真去琢磨。还要从生活中观察和总结。日常生活中的点点滴滴，提供了丰富的创造素材，也加深了纪亚福对表演和生活的理解。他常说，学生模仿的初步，往往只

---

⑥纪亚福《将布袋丑的表演元素化入人物的行为中》，福建省第23届戏剧会演专刊，2006年。
⑦王朝闻《观剧二题》，载于洪辉煌主编《作家笔下的泉州》，鹭江出版社1998年版，第196—198页。

是学了样子，要在生活中去体验和提炼。"戏饭吃不到那里，就不到功力。"特别像师傅那样，演出苍劲的台风来，是很不容易的。在师傅们长期摸索的基础上，纪亚福总结了提线傀儡丑的表演要领："我的师傅们演了几十年，钻研出来的，所有的秘诀就在人的关节，各个部位的关节的灵动性，摇晃，怎么样像傀儡。但是，从今天看来，很多专家都认为，人似像非像，不可能全部都像傀儡的。在似像非像的时候，产生一种艺术的魅力，产生整套的从走路到表演动作到身段，好像载歌载舞的那种意念在里面，那种夸张的表演从人物上表现出来了，（让观众）感到特别好看，又特别新奇。"⑧

而从纪亚福表演技艺的传承和再创造，我们也可一窥近三十年来高甲戏"傀儡丑"发展创新的几个方面：（1）传统"傀儡丑"折子戏的继承与丰富；（2）仪式与狂欢；（3）提炼与综合；（4）现代剧场中的角色塑造。这些发展，延续了陈宗塾、林赐福等老师傅的创新精神，显示了戏曲程式在具有创造性的艺师那里，并非墨守成规，是可以在传承经典的基础上有所生发，并且在戏曲进入现代剧场后，戏曲程式有可能获得更大的挥洒空间。

演了50年的戏，塑造过形形色色的丑角，作为高甲戏丑行的传人，纪亚福深深体会到高甲丑角表演的不易。不易在于"形似容易神韵难"；不易在于同样的表演动作和程式，如何表演出独特的人物个性来。"在近四十年的艺术创作中，到现在我才敢说，我逐渐明白了高甲丑角创造角色的其中三昧。模仿前辈艺人的表演、程式容易，创造角色难。掌握'形'只是初级的层次，唯有在掌握'形'之后，进入'神'才是高甲丑角艺术的真灵魂。要达到'形神兼备'，必须对人物角色有准确的理解和把握，在掌握了人物的具体性、生动性、可感性的外形之后，进入了人物的主观世界，才能塑造出活灵活现的人物来。"⑨

原载于 《"2011福建文艺论坛"论文集》，海风出版社2012年版

---

⑧2009年访谈纪亚福材料。
⑨纪亚福《高甲丑角创造中的"形神"感悟》，《艺苑》，2007理论专辑。

"丑"艺经营尽见美

赏析高甲戏名家纪亚福之丑角艺术

谢文逐

厦门市金莲陞高甲剧团的纪亚福先生已退休十几年了，然从背部望去，腰杆笔直，步伐灵快；对面交谈，声音洪亮，感情高昂。你会怀疑这已是七十多岁的老人，用"宝刀不老"来形容一点也不为过。纪亚福是个"戏斗笼"，生丑净末无所不能。他驰骋在高甲戏舞台五十多个春秋，塑造了许许多多让观众赞不绝口的艺术形象，其中以"丑"角最为精彩。

欣赏纪亚福的丑戏表演，给人最大的艺术享受是"完美"。表达丰富、收放自如、造型优美、衔接顺畅、层次分明，从而形成了其"洒脱利落、气度得劲"的丑角艺术风格。

纪亚福有幸遇到两个人：一位是陈宗塾先生，一位是林赐福先生。二老身怀绝技，是高甲戏的"名丑"。陈老创造了"嘉礼丑"，林老创造了"布袋丑"。两相辉映，成为"金莲陞"的响亮招牌。他们各有一个看家戏，《桃花搭渡》和《探牢》。其中的人物前者是年老的渡伯，热情风趣；后者是年轻的班头，贪婪狡诈。虽然二位艺术家已作古多年，但我们可在纪亚福的表演中看到他们昔日的风采。

一、苍劲渡伯风趣多

《桃花搭渡》是高甲戏历演不衰的传统折子戏，其中渡伯的行当应属"末"，但又掺了一些"老丑"的风趣元素。这出戏的地点在船上，人物的表演充分运用了虚拟的艺术形式，以道具和科步来表现船的摇晃与行驶，载歌载舞，很有生活情趣。一阵悠扬的笛声响过后，只见老态龙钟的渡伯摇着橹悠闲而出。他动作敏捷、节奏明快、体态多样。行进时橹子

▲ 《桃花搭渡》饰演渡伯

内外挥动，一步接一步，健壮有力；转向时轻轻慢摇，脚步缓缓而移，灵便自如；停船时，右脚旋转一圈后展开而立，平稳从容；前进时则双手快摇，平稳而行；闲聊时则单手缓摇，谈笑风生。渡伯的动态不时随着《灯红歌》的节奏与情绪，有紧有慢、有前有后、有高有低地不断变化着。"猜花名"时，以五个手指不同的组合，惟妙惟肖地塑造出花的各种形态。整出戏的表演不管是唱还是做，都与婢女桃花巧妙地呼应起来。这一唱一和的艺术形式，构成了一幅亲切、有趣的民间摆渡图。

二、耍滑狱卒百般态

《探牢》是传统戏《审陈三》中的一折。在一声不痛不痒的咳嗽声中，只见一人手执长棒侧身而出。他以脚趾轻快点地而前行，然后跨开站立。头呆手僵，眯着小眼略带笑，缓缓向观众稍亮相，顿时一个滑稽可笑的狱卒浮现在眼前。然后在名曲《班头爷》的节奏中，演绎出各种不同

▲ 《班头爷》剧照

"布袋丑"的科步来。身为班头爷，他贪婪又无情，喜怒不定。为了表现其多变的性格特征，人物的身段、动作总是随着不同的心理情绪而变化。你看他，身体时立时坐，时蹲时转，时进时退。长棒弄来姿态各异：受褒时的荷棒，耸肩侧行；欢心时的架棒，假意应承；发怒时的举棒，横眉相逼；施威时的推棒，冷酷恐吓，以及旋棒、踢棒、立棒、滚棒等棒法不断在变化着。其中的形体则是动中有静，每个瞬间的定型姿态都具有雕塑美。整段戏表演起来僵劲中见灵动，衔接自然流畅，富有节奏感，把一个下层小人物的种种心理特征刻画得非常准确与生动，入木三分。

以上两个人物的表演，我们能感受到其中的一招一式，纪亚福都是紧紧抓住先师们的艺术精髓，尽量达到形与神的相似。因此说，纪亚福继承"高甲丑"的艺术态度是忠诚与认真的。然而作为一名优秀的艺术家只有继承是远远不够的，纪先生在几十年的舞台生涯中，始终没有忘记"高甲丑"的发扬与创新。对于自己承担的每个角色，哪怕只是角色的某个动作，某种情绪，只要是恰到好处的，他从不放弃对"丑角"艺术元素的借助与应用，所以能创造出一些栩栩如生的舞台新人物。可以说发扬、创新"高甲丑"，在他身上已形成了一种艺术行为的自觉性。

三、狡吏酸儒各其味

新编戏《凤冠梦》《阿搭嫂》，纪亚福先生在里面分别饰演了李元顺和肖秀才。其中人物的塑造手法都运用了"布袋丑"，然而两人的身份、性格截然不同。前者是官宦，内心狡诈，一心想着向上爬，善于见风使舵。后者是落魄书生，代书糊口，迂腐而自命清高。如何将固定的科步程式化成具体人物的性格特征，纪亚福用心在思考着。表演李元顺时，他强化了手脚与双目，比起传统的"布袋丑"来得更灵活些。通过提玉带、拂水袖、跨官步、眼睛骨碌转等一系列的动态，来体现李元顺的身份及其见风使舵的性格。在《婚变》一场，当张一同前来报喜时，李元顺殷勤地迎接与回话时，脸上堆满笑容，弯着腰，直展双臂，紧紧靠近张一同，说话时装傻作乖，头随手而动，低声下气，形象极尽奴颜媚骨。而当事体有变时，一下子来个180度的大转变，动作紧缩僵硬，表情冷漠，一口否定前言，那阴阳难测、趋炎附势的另一面便一览无余。

相对而言，肖秀才的表演则是收敛的，只见他眼神呆板、双臂僵直，举手投足拘束不自在。当感情激动时，手臂直摆、脑袋斜摇呈现出的体态，让人看到了贫困书生的无奈。而当他提起长衫紧随阿搭嫂，扭扭捏捏又强装稳重，一进三退时，使人又看到了落魄书生的迂腐并兼几分的清高，真是可笑又可怜。

▲ 1988年，赴香港演出《凤冠梦》剧照，纪亚福（左）饰李元顺，张世泽（右）饰张一同（供图：纪亚福）

▲《阿搭嫂》剧照

四、黄门老监善中美

▲ 《上官婉儿》饰演老黄门

《上官婉儿》的老黄门是个小人物——太监，然而他善良正义、富有同情心，在整出戏中起到牵线、过渡的作用。纪亚福运用了"嘉礼丑"的形式，但在具体表演中他是从人物出发。把传统科步的"木偶性"进行幅度减少的调节，使其更有"人情味"。戏中我们看到：老黄门向婉儿报信时，主要突出"嘉礼丑"手脚的偶性特征。那上提的双臂和快捷的碎步，行走得如此匆忙，正是他急切心情的体现。老黄门为殿下送花时的一段群舞，则是把科步舞蹈化，表演多了一些柔和之美，体现了老黄门看到婉儿受宠的喜悦心情。在第四出短短的过场戏中，则运用了双手随左右脚分别重力点地的动作，恰如其分地表现了老黄门对婉儿自误青春的忡忡忧心。

细算着纪亚福先生扮演的这些人物，似乎没有一个是主角，然而他从来没有轻视过。在他心中始终谨记着："只有小演员，没有小角色。"正是这句话，促使他产生强烈的创作意念——配角有戏看。他常说："程式是死的也是活的，可以通过变化取舍、改造组合，来塑造出性格不同的各种人物。但其科步的本质特征不能丢失，要让观众一看还能感觉是那么一回事，有'高甲丑'的味道！"这就是为什么纪亚福先生塑造的老黄门与肖秀才能得到观众与专家认可的原因吧。小小两个角色使得整出戏更有剧种特色，更加好看，可谓"功不可没"。如果说老黄门就像闽南咸饭的佐料——炒花生仁，撒上几颗红亮又香脆，使得一碗米饭更加色香味俱全。那么肖秀才就是什菜汤中的醋肉，香嫩中有酸味，使得整碗汤更加丰盛，让人慢慢去品味……

纪亚福先生丑角艺术的"完美"性还体现在人物的外在形象美。舞台上他塑造的每个人物的形体与动作都讲究整洁、明快，不拖泥带水。如"公子游"中，有一种"公子丑"特有的科步：高举手臂快摇金笺扇。很多演员在表演时袖子都是垂落到肘下，然纪亚福依旧袖在腕上跟着飘动，其中自有他的妙处！

如今荣为国家级"非遗"传承人的纪亚福先生，身虽退，心不闲，时常在教戏。他想把自己从老前辈身上所学的戏全部传承下去。因为他深知，这些艺术不是他的，也不是前辈的，而是世世代代闽南人共同的精神财富，必须好好地传下去。现在我们很高兴地看到《探牢》《桃花搭渡》《公子游》《探马报》《伍通报》《扫秦》等传统戏都在他的弟子身上开花结果……

德艺高者必有福，纪先生寿必长，艺必远！

原载于《剧谈》 2019年第10期

▲ 传承人与证书（拍摄：吴慧颖）

▲ 1994年，福建省第四届水仙花戏剧新秀（新苗）奖赛中获优秀辅导教师奖

我的师父纪亚福

陈峥嵘

1993年6月，我刚从福建省艺校厦门分校毕业，被分配到金莲陞高甲剧团工作。对剧团感觉熟悉又陌生，甚至对未来有些茫然，幸运的是参加了1994年3月赴台湾交流演出，兴奋之余对这个新的环境有了自己的观察。纪亚福师父进入了我的眼帘，身为副团长和主要演员的他，除了刚正的气质和精湛的表演，他好像永远有用不完的力气。装卸车和装卸舞台都留下了他忙碌的身影，别人两个人抬一个箱子，他一个人独扛一个箱子；别人已经休息了，他还在做收尾工作；下雨了，他就把服装部门到舞台的路上铺满纸箱……在台湾和金门地区两个月的交流演出，师父成了我心中的学习榜样。

工作与生活就像道家的"阴阳"，它们相互依存又相互对立，相互克制又相互转换。演出后的夜宵是下乡生活的另一场"演出"。演出结束后回到驻地，洗菜，切肉，杀鱼，剥蒜，摆餐具，冰啤酒，男生们各司其职。女生们的任务就是洗澡，洗衣服，等着吃饭。有一次我演出特别累，想拿着湿透了的水衣水裤先去洗澡，师父看了我一眼，然后继续干他的活儿，我秒懂了他的意思，放下衣服，抄起刀开始切菜。清凉的啤酒，既解暑又放松，对菜的评价是"话引子"，但最热议的话题永远是今天晚上演出的问题和师父谈他师父的演出逸事。师父有一道拿手菜，叫"双锅白灼小管"。由于家用的煤气炉火力比较小，白灼小管又需要猛火，火候控制不好，就会导致太生或者太熟。师父就准备了两口锅，都烧上开水，先用一口锅煮25秒，再捞起放入另外一口锅煮15秒，这样煮出来的小管鲜甜爽脆。呷了一口酒，师父又谈起了他的师父们的往事。以前剧团的演员不多，高甲戏又经常有大场面，师父和师爷们就算是演主角，只要有空场，都会换装下来当龙套，这也许就是金莲陞高甲剧团能挣下金字招牌其中一个小秘密吧。这样的夜宴就是我们这些后辈的另一个课堂。

▲ 《春草闯堂》中饰演李仲钦

　　戏谚语"男怕走，女忌行"，意思就是说演员最害怕的就是人物带着急切的任务在奔走，需要边表演边演唱，非常耗费体力，很难调整气息。师父教我一出戏叫《伍通报》，就是这样的戏。演了五六场，到了唱高音的时候经常会破音，很是苦恼。师父给我讲了一个故事。他的师父们有一次在龙湖镇一个村子演出结束，第二天要移到下一个村子演出。老师傅们就组织跨游龙湖，距离4公里。到了村子以后，下午又组织和当地篮球队举行了一场篮球比赛，晚上演《五虎平西》，演出过程老师傅们个个精神抖擞，毫无倦意。经过三年的努力，我能在一天内完成40公里的自行车骑行、10公里的长跑、3公里的游泳。《伍通报》演出也不喘了，唱高音也从容了。

　　我最喜欢师父饰演的《春草闯堂》中的李仲钦。他不但刻画了人物的正面形象，也把李仲钦在官场中的圆滑、老谋深算在一些小细节中刻画出来，这样的人物更可信，更丰满，更生活，也更能让老百姓接受。特别是表演上的一些细节调度，更是让人拍案叫绝。比如第五场，吏部尚书强忍失子之痛前来向相国李仲钦讨说法，他一进门就怒视相国，步步进逼。作为表演者，如果为了人物的身份与之硬顶，那么吏部尚书的表演就会被弱化破坏。如果被逼得连连后退，那么相国的身份也会被弱化。那么师父是如何处理的呢？相国刚碰到怒气冲冲的吏部尚书，先是一愣，然后退一步，上下打量，接着移向左台口，与观众交流，表示不解吏部尚书之意，然后在同一个【四击头】里返身回到舞台中央询问来意，于是巧妙地把这个表演矛盾化于无形之中。

　　正所谓"爱美之心，人皆有之"，年轻的时候，下乡演出，偶遇美女，便招呼同事品头论足。那晚演出结束，夜宵席间，师父言道："观美女者，只可一眼，最多两眼，不可三眼！"我问："为何？"师父又言："品茶者，一口为品，两口为解渴，三口为牛饮也！"我似乎明白了什么，这应该是师父的为人之道。

从与折子戏《班头爷》结缘说起

吴伯祥

估摸着是在20世纪90年代初，还没有上小学的时候，我才开始记事，因为我爷爷酷爱南音，也在家乡参与过南音和高甲戏的演奏，故而那时家里有很多关于这方面的磁带。爷爷播放南音，一播就是一整天。那个时候家里的人其实都不怎么喜欢，觉得总是"呀呀"的听不懂，甚至连邻居都受不了。有一次哥哥用家里的老三用机播放一出戏，让我觉得哥哥有点反常。哥哥跟我说："这个唱片的B面挺有意思的。一开始说话的声音就很有趣，更是连简单的算术都算错了。二六应得十二，怎么会是十一呢？"那时我还不懂得算术，但是听着轻快的锣鼓声和角色的发音，我觉得比南音好听、有趣，所以常听。这盒现在已找不到的磁带就是《审陈三（中）》，那个有趣的角色就是班头爷。后来我到剧团参加工作演出了，哥哥还会开玩笑地问我："今天是不是又演出了，班头爷吗？"还模仿着"二六一十一，三六一十七……"

1999年，我考进了厦门市戏曲舞蹈学校高甲戏表演专业。2000年的暑假，我接到了通知，要我参加省"水仙花"唱腔比赛。剧团的老师帮我选了几个剧目，后来定了《班头爷》。这个剧目的曲子是上学期学过的，再说这个戏我小时候听过有印象，所以更感兴趣。但是总不能站着干唱吧，怎么表演呢？所以在新学期还没有开学前，我就来到了厦门市金莲陞高甲剧团，认识了我的师父——纪亚福。

跟师父学习《班头爷》的时候，是在恐惧和紧张中度过的。因为此前在艺校学习的过程中只有基本功，从未接触过戏曲剧目。加上纪老当时在我们班同学心里有一定的威望，当过副团长，看起来很严肃的样子。他严谨的态度和我不够机灵的脑袋，挨批是难免的事。那时我还被打了一棍，至今记忆深刻。在短短的几天时间内要学好班头爷这个角色似乎是不可能的。所以纪老师那时也为笨拙的我量身定做，简化了许多动作。就是简化了的动作，像三节弯、踢脚、跷脚、坐凳、小开合等这些科步，在当时的我看来是那么畸形的身段，那么的别扭和不能理解，只觉得身心疲惫、焦躁不安。那时候要是有《忐忑》这首歌，估计我要怒吼几遍。

但是，经过这几年的演出和舞台打磨，我越来越喜欢《班头爷》了。我想，要演好"班头爷"一角，首先要觉得自己就是个可爱的偶人（这也是师父经常教诲的话），并且让观众知道这样一个可爱的偶人是以"第二

▲ 2010年，四代"班头爷"同台演出（纪亚福：左二，吴伯祥：左一）
（拍摄：吴慧颖）

人"的形式出现的，因为它时刻都是被人操控的。这一点和提线木偶丑是一致的，只有遵循此规方能在表演傀儡丑时得其法。掌中木偶丑的表演科步是在沉稳中寻求活泼、灵动的。其科步又带有机械性、僵硬化和棱角化的夸张变形，是以表演者整体的机械性和僵硬化让观众窥探到木偶呆板的方面。在其展示中，观众也能看到表演者的躯干除了有机械、僵硬并且有棱有角的特点。这样的点会在表演时通过关节带动肢体（或手臂、手掌、手指或是大腿、小腿、脚掌）的摆动、转动、颤动、扭动等动作，加之表演者诠释人物内心活动时的表情（丑角夸张的表情，如歪嘴、斜视等）有了灵动性，使其人物形象显得活灵活现起来。简言之，机械、僵硬、棱角、灵动、活泼，在掌中木偶丑的表演中是不可或缺的。较之提线木偶丑的表

演，本人认为前者"以面带点"，或者"以点带面"。这只是个笼统的概括而已。如何循规而得法就是演好掌中木偶丑要探寻的。还是从《班头爷》一折中班头爷的表演说说我对掌中木偶丑的进一步认识吧。

偶人的表演是忌讳静止的。因为偶人本身是不会动的，再者他们的表情都是单一、刻板的（大多丑角偶人表情都是呆、憨、傻的），只有通过人的操纵才能应用肢体语言将人物内心的活动表达出来。这一点正符合了戏曲的程式化。偶人一旦静止了，人们容易跳出戏里的情节来观察这个偶人，这样戏就会被打断。我们借鉴偶人的肢体表演程式，达到形体上的变异、畸形、机械等的反差效果，从中达到别具一格的高甲戏丑角表演程式，使人有幽默、耳目一新和浓烈的视觉情趣。当出现对手戏的时候，丑角表演的"度"要是没有掌握好，很容易就会产生搅戏、抢戏而破坏了戏曲舞台上的诗情画意。我们演员应用掌中木偶的表演程式较之偶人是有优势的，偶人缺少了人的灵动性、自主操控能力等。所以在应用掌中木偶丑表演形式塑造人物的时候，既要模仿偶人呆、傻、憨的表情和变异、畸形、机械的形体，更要注意人物心理活动的刻画，做到当动则动，不该动时不动，不动时以情传神。这个"神"既是偶人呆板的神情，更是人物心理活动外化的表情。比如《班头爷》一折中班头爷的表演。我的师爷爷林赐福老先生勾画此人物的脸谱几乎是从偶人的脸谱上学习来的。为的是在人物形象的塑造上，使观众和偶人有直接的联想。后来我在影视版的《班头爷》中看到师爷是素脸出镜，但是戴了鼻须（可能这是为了影视拍摄，而进行的虚实结合的效果吧）。于是我在班头爷原本的脸谱基础上也增加了鼻须。这样班头爷第一次的亮相，除了有掌中木偶的表演程式，也有了人物的灵动性，使人物"呆傻而不呆板"。鼻须的技巧其实并不复杂，也不难。无非就是"单边跳须"（从嘴角一处吹气）、"双边跳须"（从嘴中央吹气）、"摆须"（通过脸颊肌肉的抖动带动鼻须左右摆动）等动作。其用途多是表现人物的喜、怒、思索等情绪。关键在于如何用得巧、用得妙、用得适度。比如《班头爷》一折中，班头爷见到聪明伶俐的小丫头益春前来探牢，我们可以设想班头爷彼时的内心活动：（1）牢房中罕见女子，更何况是美女；（2）有人来探牢就有揩油水的机会。所以班头爷和益春一照面，除了发出"啧啧"的响声，后来我又加了"单边跳须"的技巧。

和益春配戏时，益春的表演中有高甲戏小花旦科步，很美。除了与对手的组合造型外，其中也不乏行进时的画面。如何才能把持好相互配合时，行进和造型唯美的画面呢？这个时候就要做到不搅了对手的戏。当益春表演时，班头爷只能成为配角与其呼应。此时其动作宜收不宜放，宜小不宜大。造型时既要定型（亮相），又不能犯了偶人表演时"静止"的忌讳。所以此时班头爷的鼻须和脸部表情配合表演就能起到较好的效果。这样在和对手配合时就能做到"行时二为一，定时神气续"的效果。

就像我师父纪亚福先生说的，表演木偶丑要让演员首先相信自己就是一个可爱的偶人。在这个可爱的人物形象的基础上展开对人物的刻画。在我的理解，要想通过掌中木偶丑的表演程式塑造好一个人物，这仅仅只是入门。如何在传承的基础上有新的发展，不至于躺在先人创造的程式中沾沾自喜，这成了我辈应该追求的理想。我们应该在挖掘先人宝贵程式的同时，将掌中木偶的表演程式应用到更多的高甲戏丑角门类中，甚至渗透到高甲戏的其他行当里，使高甲戏的表演风格更加独树一帜，从而达到剧种统一而纷呈的审美情趣，让高甲戏这个剧种有更深一层的审美规格，在"人与偶"的表演相互借鉴的过程中达到更加丰富的审美效果。

▲ 班头爷与益春（右：纪亚福）

第五辑　附录

大事年表

1948年	11月，纪亚福生于福建省厦门市。
1961年（13岁）	3月，进入厦门高甲剧团工作，启蒙老师是高甲戏著名表演艺术家谢明亮、洪玻璃先生。随后就在厦门梨园训练班学习戏曲基本功。
1962年（14岁）	7月，由厦门市文化局局长林立牵线，拜于高甲戏艺术大师、闽南名丑陈宗塾门下，学习丑角、架子花脸、老生等行当的表演，特别是其提线傀儡丑的表演。
1968年（20岁）	与舞蹈演员洪慧人结婚。
1969年（21岁）	夏，女儿朝晖出生。冬，厦门高甲剧团被迫解散。
1971年（23岁）	参加向阳区（今思明区）文艺宣传队。
1978年（30岁）	"文革"后，厦门高甲剧团恢复。
1980年（32岁）	开始潜心学习、继承高甲戏名家林赐福老师的掌中木偶丑表演艺术。
1986年（38岁）	随厦门高甲剧团赴菲律宾演出，在《审郭槐》《五虎平西》《春草闯堂》《半把剪刀》《李旦复国》等多部大戏中担任主要演员。

1987年（39岁） 被厦门市文化局任命为厦门高甲剧团副团长（1987—2002年）。

1988年（40岁） 应香港福建同乡会邀请，随厦门市金莲陞高甲剧团赴港参加"八八"香港中国地方戏剧展，在《春草闯堂》中饰李仲钦、在《凤冠梦》中饰李元顺，均受好评。

1989年（41岁） 在《五虎平西》中饰狄青，获福建省第2届中青年演员比赛银牌奖。

1990年（42岁） 获福建省第18届戏剧会演"群星会"荣誉证书并出席群星会。

1993年（45岁） 参加中央电视台春节联欢晚会，与全国戏剧界六个剧种十六位著名演员（有京剧的寇春华、朱世慧、吴建平；评剧的刘淑萍；昆曲的刘异龙、张寄蝶；川剧的李笑非等；豫剧的牛得草等），联袂演出戏曲小品《群丑争春》节目，获春节戏曲小品节目三等奖。

1994年（46岁） 3月，随厦门市金莲陞高甲剧团赴台湾、金门演出，共演出四十多场，是大陆首个赴金门演出的专业艺术表演团体，演出轰动台湾、金门两地，受到国台办、文化部的通报表扬。
经评审，被确认为国家二级演员任职资格。
辅导周阳杰《班头爷》获优秀演员奖，获福建省第四届水仙花戏剧新秀（新苗）奖赛优秀辅导教师奖。

1996年（48岁） 在高甲戏《审陈三》中饰班头爷，赴湖南长沙参加中国

（湖南）第4届映山红民间戏剧节，获演员二等奖。

1998年（50岁）　　在鼓浪屿港仔后举行的中央电视台《千家万户把门开》
　　　　　　　　　1998年元宵文艺晚会上，与许天良合作表演高甲丑节目
　　　　　　　　　《逛花灯》。

1999年（51岁）　　担任大型高甲剧《金刀会》副导演，获福建省第21届戏剧
　　　　　　　　　会演荣誉导演奖。
　　　　　　　　　9月，大型高甲戏《金刀会》应文化部邀请，赴北京参加
　　　　　　　　　庆祝中华人民共和国成立50周年优秀剧目展演，在《金刀
　　　　　　　　　会》中饰杨继业。

2000年（52岁）　　5月，在高甲戏《金刀会》中担任导演，获第2届厦门市金
　　　　　　　　　鹭奖导演奖。

2001年（53岁）　　在《夕照祁山》中饰魏延，获福建省第6届"水仙花"小
　　　　　　　　　戏小品小剧场话剧比赛表演二等奖。
　　　　　　　　　11月，随厦门市金莲陞高甲剧团再次赴台湾演出，在台
　　　　　　　　　北、高雄上演大型高甲戏《金刀会》，得到台湾戏剧界专
　　　　　　　　　家的好评和观众认可。
　　　　　　　　　12月，随厦门市金莲陞高甲剧团赴金门演出。

2002年（54岁）　　在《上官婉儿》中饰老黄门，获福建省第22届戏剧会演演
　　　　　　　　　员奖。

2003年（55岁）　　被评为厦门市文化局2000—2003年"德艺双馨"文艺工作
　　　　　　　　　者称号。
　　　　　　　　　10月，高甲戏《上官婉儿》赴西安参加第8届中国戏剧

节，在剧中饰老黄门获表演奖。

2004年（56岁） 随厦门歌舞剧院赴新加坡参加"春到河畔迎新年2004"演出活动，参演的高甲折子戏《班头爷》《公子游》《桃花搭渡》受到好评。

中央电视台戏剧频道《名段欣赏》栏目拍摄纪亚福专辑，拍摄不同行当的表演片段，分两集在央视播出。

辅导厦门艺校高甲班吴伯祥折子戏《班头爷》，获"蚁力神杯"全国艺术院校戏曲、戏剧表演比赛初赛华东片区园丁奖。

辅导学生吴伯祥折子戏《班头爷》获得福建省第五届中青年演员比赛银奖。

2005年（57岁） 9月，随厦门市金莲陞高甲剧团第三次赴金门演出。
获厦门市第4届"金鹭奖"优秀演员奖。

2006年（58岁） 受邀福建省电视台《八闽之子》栏目专访。
12月，在高甲戏《阿搭嫂》中饰肖秀才，获福建省第23届戏剧会演优秀演员奖。

2007年（59岁） 厦门卫视《看戏》栏目以"人生折子戏"为题人物专访，分三集播出。

辅导学生吴伯祥折子戏《探马》获得福建省第6届中青年演员比赛银奖。

5月，随厦门市金莲陞高甲剧团第四次赴金门演出。
12月，随厦门市金莲陞高甲剧团赴澳门，为澳门、厦门联谊会总会成立庆典演出。

2008年（60岁）　　2月，被中华人民共和国文化部评定为国家级非物质文化遗产项目高甲戏代表性传承人。

4月，由福建省文化厅组团，随厦门市金莲陞高甲剧团赴台湾，参加2008年郑成功文化节的交流演出。

4月，福建省委、福建省政府授予福建省先进工作者称号（福建省劳动模范和先进工作者）。

5月，获厦门市第5届"金鹭奖"优秀演员奖。

11月，参加新加坡福建文化节暨新加坡厦门工会庆祝建会70周年，在高甲喜剧《春草闯堂》中饰演李仲钦。

12月，经评审，被确认为国家一级演员任职资格。

2009年（61岁）　　5月，高甲戏《阿搭嫂》参加在杭州举办的全国戏曲会演（南北片）比赛，获二等奖，在剧中饰演肖秀才。

12月，参加第11届中国戏剧节，演出《阿搭嫂》，饰肖秀才。

2009—2019年，参与吴慧颖主持的国家社科基金艺术学课题"高甲戏'傀儡丑'技艺的整理与研究"。

2010年（62岁）　　10月，于金桥·2010海峡两岸民间艺术节期间，成功举办《高甲薪传——国家非物质文化遗产高甲戏项目传承人纪亚福专场》，正式收徒陈峥嵘和吴伯祥，并参加"海峡两岸高甲戏'傀儡丑'的传承与创新"研讨会。

2011年（63岁）　　6月，随厦门市金莲陞高甲剧团赴金门天后宫演出。

7月，随厦门市金莲陞高甲剧团赴香港演出。

8月，应台湾苗栗客家剧团郑荣兴团长的邀请，赴台教学。

12月，随厦门市金莲陞高甲剧团赴金门演出。

2012年（64岁）　4月，厦门市金莲陞高甲剧团纪亚福、陈峥嵘、吴伯祥、李莉应邀赴台湾地区参加"2012传统表演艺术节"，在台北艺术大学、"中央大学"文学院、宜兰传统艺术中心等地开展讲学，并参与艺术节展演活动。

8月，厦门市金莲陞高甲剧团陈炳聪、纪亚福、骆景忠、林丽雅应金门文化局邀请，为金门高甲戏研习班教戏。

2013年（65岁）　9月，应台中市文化局、台南市文化协会邀请，厦门市金莲陞高甲剧团、厦门市歌舞剧院一行，赴台南、高雄等地，开展"乡音之旅"巡回演出。

10月，参加海峡两岸民间艺术节系列活动之"戏剧工作坊：丑角剧场"，两岸名丑对谈丑角艺术。

2014年（66岁）　12月，随漳州业余歌仔戏团赴金门演出，担任艺术指导。

2015年（67岁）　1月，应台南市文化协会邀请，厦门市歌舞剧院、厦门市歌仔戏研习中心、厦门市金莲陞高甲剧团赴高雄、台南、屏东等社区庙口开展"乡音之旅"台湾行。

4月，随漳州业余歌仔戏团赴金门演出，担任艺术指导。

2016年（68岁）　任教于厦门艺术学校，主要任教高甲丑的传承教学，为学校排练和指导了《桃花搭渡》《卢俊义发配》《班头爷》等多部折子戏。

7月，随厦门市老战士合唱团参加俄罗斯索契第九届世界合唱比赛。参演作品京歌合唱《梁红玉》获民谣组银奖。

2017年（69岁）　4月，随厦门市老战士合唱团赴香港，参加第16届"走进辉煌港澳暨庆祝香港回归祖国20周年"演出赛事。参演作品京歌合唱《梁红玉》获得金奖。

2018年（70岁）　　4月，随厦门市老战士合唱团赴北京，参加第9届七彩夕阳全国中老年合唱之星邀请赛。参演作品京歌合唱《梁红玉》获明星金奖和最佳组织奖。

8月，在厦门艺校授课期间，指导作品《探牢》入围由中华人民共和国文化和旅游部举办的第三届全国"梨花杯"青少年戏曲教育教学成果展。

10月，参加2018"闽南传统艺术种子培训"冬令营，为台湾戏曲学院青年剧团的学员授课。

10月，参加海峡两岸民间艺术节，参演跨界实验剧《偶们》。

2019年（71岁）　　10月，参加"礼赞新中国，逐梦新时代"庆祝新中国成立70周年暨厦门解放70周年优秀剧目展演，在高甲戏《阿搭嫂》中饰演肖秀才。

2020年（72岁）　　9月，参加由晋江市文化和旅游局，晋江市文化艺术节联合会主办的高甲戏行当传承工作交流座谈会。

12月，参加由厦门市宣传部、厦门市教育局、厦门市文化和旅游局主办的《薪火相传、梨园新声》厦门市戏曲进校园成果展演，参演由徒弟吴伯祥创新创作排练的传承作品《班头爷》。

2021年（73岁）　　1月，随厦门老战士合唱团，参加"非遗"展示展演大型系列活动走进厦门专场展演。

2022年（74岁）　　5月，参加戏曲电影《阿搭嫂》的拍摄，饰演肖秀才。

8月，参演话剧《念》。

11月，参加电影《出不去的房间》拍摄。

主演剧目

行当	剧目	角色	备　注
文生	《书剑奇冤》	高　珍	
	《狸猫换太子》（传统本）	陈　琳	
	新编上海本《狸猫换太子》（三本）	陈　琳	
	《画龙点睛》	马　周	
	《中国公主杜兰朵》	无名氏	
	《恩仇记》	邓炳如	
	《郑子清断案》	崔　成	
武生	《八宝救狄青》	狄　青	五虎平西
	《飞龙刺狄青》	狄　青	五虎平西
	《狄青诈死天王庙》	狄　青	五虎平西
	《斩庞洪绞庞妃》	狄　青	五虎平西
老生	《保生大帝》	吴真人	
	《大破火轮牌》	李承业	改良老生
	《玉枕惊梦》	魏正忠	改良老生
花脸	《三打陶三春》	郑　恩	
	《胡奎卖人头》	胡　奎	
	《三帅反长安》	马成龙	
	《审郭槐》	包　拯	
	《探阴山》	张　洪	
	《夕照祁山》	魏　延	
丑	《一捧雪》	汤　勤	
	《凤冠梦》	李元顺	
	《天鹅宴》	郎道九	
	《徐九经升官记》	徐九经	

主要配角

行当	剧目	角色	备注
童生	《半把剪刀》	陈根福	
	《审郭槐》	郭海寿	
老生	《审陈三》	陈伯贤	
	《春草闯堂》	李仲钦	
	《陈总杀媳》	董知县	
	《连升三级》	冯　庸	
	《屈原》	河　伯	
	《情系明珠》	金朝云	
	《龙争凤斗》（二集）	徐　达	
	《梁宫风云》	梁王爷	
	《张春郎削发》	皇　帝	
	《孟丽君》（二集）	孟士元	
	《孟丽君后传》	皇甫少华	
	《镇国九龙剑》	秦太尉	
	《慈云走国》	包　贵	
	《狸猫换太子》	宋真宗	
	《徐九经升官记》	并肩王	
武老生	《李旦下通州》	马　周	
	《十三太保》（二集）	李克用	
	《八姐盗刀》	杨继康	
生	《风雨清源山》	林天成	现代戏
花脸	《千里驹》（二集）	徐延昭	
	《八宝救狄青》	乌黑利	
	《三请樊梨花》	杨　帆	
	《太子存亡录》（二集）	英亲王	
	《忠义千秋》	姚　琪	
	《武则天篡唐》	武承嗣	

续表

行当	剧目	角色	备注
丑	《错搭鸳鸯》	翁大周	
	《上官婉儿》	老黄门	
	《阿搭嫂》	肖秀才	
末	《徐九经升官记》	事务官	
	《凤冠梦》	李　伯	

导演剧目

《棋盘山》、《阴差阳错》、《金伞记》、《狄青投军》、《君子亭》、《嵩口司》、《谢瑶环》、《佘赛花》、《李元霸》、《追鱼》、《中国公主杜兰朵》、《夕照祁山》、《楚宫恨》、《探阴山》、《三打陶三春》、《徐九经升官记》、《五虎平南》（中集）、《十三太保》（二集）、《慈云走国》（中集）等。

小戏演出、导排

《班头爷》《桃花搭渡》《吴汉杀妻》《包公赔情》《徐策跑城》《伍通报》《探马报》《公子游》《魏延·黄花别馆》《许仙说谢》《卢俊义发配》等。

参加导演组

《金刀会》《乔女》等。

荣誉证书

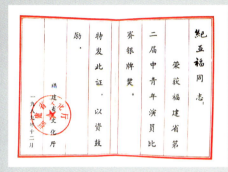

▲1989年福建省第二届中青年演员比赛银牌奖
证书

▲1990—1991年度厦门市文化系统先进工作者
证书

▲1994年福建省第四届水仙花戏剧新秀（新
苗）奖赛中获优秀辅导教师奖

▲1996年映山红演员二等奖证书

▲1999年福建省第二十一届戏剧会演荣誉导演
奖证书

▲2000—2003年"德艺双馨"艺术工作者证书

▲ 2000年第二届厦门市金鹭奖导演奖证书

▲ 2001年第六届福建省"水仙花"小戏小品小
　剧场话剧比赛表演二等奖证书

▲ 2002年福建省第22届戏剧会演演员奖证书

▲ 2002年厦门市第三届"金鹭奖"演员奖证书

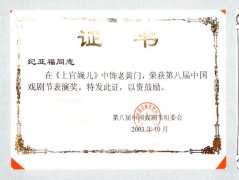

▲ 2003年第八届中国戏剧节表演奖证书

▲ 2004年"蚁力神杯"全国艺术院校戏曲、戏
　剧表演比赛初赛华东片区园丁奖证书

▲ 2005年厦门市第四届"金鹭奖"优秀演员奖
证书

▲ 2006年福建省第23届戏剧会演优秀演员奖证书

▲ 2008年国家级非物质文化遗产项目代表性传
承人奖杯奖章

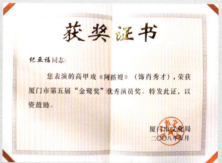

▲ 2008年国家非物质文化遗产项目代表性传承
人证书

▲ 2008年福建省先进工作者称号证书

▲ 2008年厦门市第五届"金鹭奖"优秀演员奖
证书

▲2009年第四届福建艺术节·福建省第24届戏　▲2010年厦门市第六届"金鹭奖"导演奖证书
曲会演导演奖证书

▲2011年台湾荣兴客家采　▲2012年金门县文化局感谢
茶剧团感谢状　状

▲2013—2014年度优秀共产党员证书